コミュニケーションは見た目が9割

伝わる顔の動かし方

間々田佳子

はじめに

あなたは
コミュニケーションにおいて、
こんな悩みを抱えていませんか?

初対面の人と、
なかなか
打ち解けられない。

話したいのに
緊張して
言葉が出てこない。

普通にしている
つもりなのに
「怒っているの？」
と聞かれる。

会話中
どうしていいか
わからないので、
とりあえず
笑っている。

相手を
怒らせそうで、
本音が言えない。

焦って相手を
イラつかせてしまい、
よけいに焦る。

それなりに
会話はできるが、
自分ではかなり
無理をしている。

人から
相談されたり、
意見を聞かれたり
することが少ない。

いまいち
人間関係が
広がらない。

もっとうまく
プレゼン
できるように
なりたい。

安心してください。
これらコミュニケーションに関わる悩みはすべて「顔を動かす」ことで解消できます。

顔を動かす＝表情筋を自由自在にコントロールする。

ただ感情のままに流されているだけでは、年齢を重ねるとともにどんどん顔の筋肉が衰え、不機嫌そうなネガティブな表情になっていきがち。
でも、顔を体と同じように鍛えれば、たるんだおなかが6つに割れるように、昨日よりも重いダンベルを持ち上げられるように、顔も引き締まり、必要な部位を意志の力で動かせるようになります。

すると、顔が変わります。顔が変われば、性格も変わります。

そして、コミュニケーションの質がグンとアップします。

「風が吹けば桶屋《おけや》がもうかる」ではありませんが、コミュニケーションを最大限によくするには、顔を動かすことがファーストチョイスなのです。

そういわれても、どう動かせばいいのか見当もつかない、ですか?

大丈夫。この本の後半で、どうすればいいか詳しくご説明します。

性別も、年齢も、もとの顔立ちも関係なし!

これまで3万人を超える方々がトライしたこの方法で、顔を動かせるようになり、性格も変わり、人付き合いの質が格段に向上し、人生そのものが激変した——そんな人たちがたくさんいます。

必要なものは、鏡と1日30秒の時間、そして変わりたいという気持ちだけ。

さあ、あなたもまだ見たことのない「自分」に出会ってみませんか?

目次

第1章 コミュニケーションは「顔の動き」が9割

第2章 誰だってコミュニケーション上手になれる

性格はそのまま、顔だけ変える

誰もがコミュニケーションをあきらめなくていい

運動神経と同じように
コミュ力もアップする

より効果的に
顔を動かすために

顔を動かす＝
自己プロデュースのステージへ

第3章 コミュニケーション力をアップさせる8つのコアフェイストレーニング

今すぐ顔を動かそう！
悩み別トレーニングメニュー

第1章

コミュニケーションは「顔の動き」が9割

「顔の動き」でコミュニケーション上手になる

その人間関係の悩み、顔の動きで解消します

どうして私は人と関わるのが苦手なんだろう。

もっとたくみに話せたら、あるいは聞き上手だったら、人間関係もうまくいくのに。

この本を手に取ってくださったあなたは、そんなふうにコミュニケーションに苦手意識を抱えていたりしませんか?

もしかしたら、話し方教室に通ったり、鏡の前で笑顔の練習をしたりと努力もしていて、なお悩んでいるという方もいるかもしれません。

結論から言いますね。

誰でも、今以上にコミュニケーション能力をアップさせることができます。

それも**「顔を動かす」ことで。**

顔を動かす？　そんなの、これまでだってずっとしているけれど……。

それよりも、話し方や聞き方のほうが大事なんじゃないの？

そう思った方は、これからお話しすることにどうか耳を傾けてください。

確かに私たちは日々、目や口を動かして思いを表現しています。そう、無意識のレベルで。

けれど残念なことに、**ただ動かしているだけでは、顔の筋肉はほんの一部しか使われません。**

特に日本語は口もとだけで発音できる言語なので、顔の運動不足に陥りやすいといえます。

さらにいえば、私から見ると **〝もったいない使い方〟をしている人が多数。特定の部位ばかりを使い続けると、だんだんと〝表情のクセ〟がついてきます。**

使われていない筋肉はどんどん衰え、ますます使いやすい箇所ばかりを使うようになる……すると、どうなると思いますか?

たとえば頬が上がりやすいなど、よい方向へ偏っているなら問題ないのでしょうが、そうではない表情グセがある方は、**加齢とともに皮膚がたるんで顔立ちがのっぺりと平面的になり、喜怒哀楽が表に出づらくなります。**

つまり、**愛想のない雰囲気になっていきがち。**

なかには、**ごく普通にしているつもりなのに〝不機嫌な人〟に見られてし**

まうケースさえあります。

話し方や聞き方が上手・下手以前に、これでは初対面の人と打ち解けようにも、なかなかうまくいきませんよね。

でも、安心してください。仮にあなたが不機嫌そうに見えたとしても、それはあなたの顔立ちや性格のせいではありません。

顔の使い方を誤っているだけ。

間々田式の顔の使い方を**知りさえすれば、誰だって思いどおりに顔を動かすことができる**のです。

さらに、必要な時と場合に応じて、あなたの理想とする表情をつくることができるようになります。

すると、**あなたと周囲の人たちとの関係に、よい変化が生まれます**。

そして、あなたはさらにコミュニケーション上手になっていきます。

そんなにうまくいくのかって?

ぜひ、この本を最後まで読んでみてください。

そうすれば、私が今ここでお話ししていることに、きっと納得していただけるはずです。

さあ、さっそく「顔を動かす」旅へと出発しましょう。

✓ 顔を動かして、人生そのものを変える

自己紹介が遅くなりました、私は間々田佳子と申します。

日本ではおそらく私だけであろう「表情筋研究家」です。

「表情筋」という言葉を、初めて耳にした方も多いかもしれませんね。

人間の顔に左右合わせて約50ある、表情に関係する筋肉をまとめて「表情筋」と称しています（学術的な分類とは一部異なります）。

私が考案した**「コアフェイストレーニング®」は、顔だけを鍛えるのではなく、体を意識しながら表情筋を動かす**というもの。

顔の専門家たる長年の活動の集大成であるこのメソッドは、おかげさまで老若男女たくさんの方々に実践され「整形級に顔が変わる！」と支持されて

います。

ただ、コアフェイストレーニングの本質は、単なる美容やアンチエイジングにはありません。

もっとその先の、**理想の自分を手に入れ、関わる人たちと幸せな関係を築くことにある**のです。

顔を動かして、人生そのものを変える。

話が大きくなりすぎましたか？

でも、本当なのです。

私自身、幼いころからコミュニケーションが苦手で、いつも対人関係に悩みを抱えてきました。

それが、**表情筋を研究してコアフェイストレーニングを極めていくうち、目に見えて改善された**のです。

社会人になってからも、隣の席の人に話しかけることすらできなかった私が、今では大ホールを埋め尽くす聴衆の前で堂々と講演するまでになるなんて、我ながら不思議です。

でも、何か特別な才能に恵まれていたわけではありません。

体を鍛えるのと同じように、顔を自分の思いどおりに動かせるよう鍛えただけ。

それだけで、引っ込み思案な性格や人付き合いへの恐怖が解消され、初対面の人とも打ち解けられるようになり、出会いのチャンスが増えました。

これはけっして、私ひとりだけの特殊な例ではありません。

私の生徒さんたちにも、レッスンを通して人付き合いを大きく変化させた人がたくさんいます。

その具体的な方法は、あとで詳しくご説明しますが、

顔を動かせば、人間関係が変わる。

今はこれだけ覚えてくださいね。

顔はあなたを表す「看板」

第一印象は見た目で決まる

コミュニケーションを語るうえで、よく引き合いに出されるのが「メラビアンの法則」――コミュニケーションをとるとき、相手のどんな情報に基づいて印象が決まるかを検証し、提唱された概念です。

そこで提唱された「3Vの法則」によれば、人の印象に影響を与える割合は、

表情やしぐさなどの視覚情報からが55％

声の大きさや話す速さなどの聴覚情報からが38％
言葉そのものの意味などの言語情報からが7％

だとされています。

つまり、**9割方「見た目と雰囲気」で決まってしまう**わけです。

自己紹介の事前準備として何を言おうか考える人は多くても、その結果が与える影響はわずか7％。

それよりも、どんな表情で伝えるかを意識するほうが、よほど重要だということになります。

たとえ「この会社で働くのはとてもやりがいがある」「このグループにいると居心地がいい」といった**ポジティブな思いを言葉で表したとしても、もし顔が「不機嫌そう」「つまらなそう」だったら、そちらの印象のほうがよ**

り強く伝わってしまうということです。

せっかく本音を話したのに、そう受け取ってもらえないのは残念ですし、もったいないですよね。

あなたにとって、顔は印象を決定づける〝看板〟。

看板がさびついていては、建物の中にまで足を踏み入れようという気にはなりません。

第一印象でつまずいてしまうと、その先に広がる人間関係を、入口の時点でシャットアウトしてしまうことになりかねないのです。

もしそれが就職試験の面接だったら、新しい取引先との商談の場だったら、子供の保護者会での自己紹介だったら……あなたにとって「ここぞ」というときだったら大変です。

大事な未来のチャンスをつぶしてしまう、ということにもなりかねないのですから。

逆に**看板が魅力的なら、あなたのトータルイメージはとてもポジティブなものになる**はずです。

せめて〝**看板で損をする**〟**ことがないようにしたい**ですね。

表情は心に大きく影響する

なぜ、そんなに顔にこだわるの？　大切なのは内面では？

そう思われるのも、もっともです。

私たちは子供のころから「外見より内面を大事にしよう」「内面は顔に表れるから、心をみがこう」などと教えられてきました。

でも、あえて言いますが、

顔の動き（外見）が心（内面）を動かす

ということも、また真実なのです。

「表情フィードバック仮説」をご存じでしょうか？

感情を受けて体が反応するのではなく、まずは体の生理的反応が起こり、その結果が感情を引き起こすという理論です。

つまり「悲しいから泣く」のではなく「泣くから悲しくなる」＝「楽しいから笑う」のではなく「笑うから楽しくなる」ということです。

この理論には諸説あるものの、私は一理あると思っています。

休み明けの朝、鏡をのぞき込んで「あーあ、仕事に行くの面倒だなあ」と思うことってありますよね。

そこで試しに笑顔をつくってみると、少なからずやる気がわいてきます。

仕事に行く面倒くささを感じたままでも、表情を変えることで「まあ、今日もがんばりますか！」とポジティブな感情の変化が起こるのです。

私たちは当たり前のように「内面の感情が表情に出る」と考えています。

けれど一方で**「表情が内面を変える力をもっている」**ことには、なかなか気づきません。

この点に気づけると「顔を動かす」ことで性格まで変わる可能性さえある、ということを理解できるでしょう。

どうです、ワクワクしてきませんか?

大切なのは「笑顔」ではなく「TPO顔」

「感じのいい人」は顔の表現力が高い

そもその話になりますが「コミュニケーションが上手」というと、どんな人をイメージしますか?

「初対面の相手に対しても自然な笑顔で接することができる」「ハキハキと積極的に話しかけられる」「言うべきことをしっかりと言える」「打てば響くような相づちを打てる」「こちらの話を聞いてくれそうな安心感がある」「あとに引きずらない注意の仕方ができる」……といったところでしょうか。

こうした「誰にとってもウケのいい人」「感じのいい人」に共通している

のは、どんな点でしょう。

根っからの〝陽キャ〟な性格？

いいえ、これらはすべて**「顔の動かし方」に関係しているのです**。

しっかりと歯の見えるほがらかな微笑み、意志を感じさせる目、とっさでの的確なリアクション……いずれも、**顔のもつ表現力を最大限に引き出しています**よね。

コミュニケーションをとるのがたくみな人は、顔を上手に使うことが、すでに身についているといえます。

全員がトレーニングで習得したわけではないでしょうから、自然にマスターできる環境で育ったのかもしれません。

両親など、周囲に明るい大人が多かったことなども影響するでしょう。

でも、もしあなたが**これまで顔の使い方を知らずにきたとしても、ここか**

らのトレーニングで、そのレベルまで引き上げることが可能です。

さらには、自分の顔の使い方だけでなく、相手の表情にも敏感になる――相手の表情から内面を推し量ることができるようになるのです。

表情で発信する力と、相手の気持ちを読む力、両方が養われていきます。

こういった人付き合いの武器となる顔の使い方を、一緒に身につけていきましょう。

「コミュニケーション＝笑顔」という思い込みを捨てよう

コミュニケーションの第一歩として、どれだけ表情が重要かをお話ししてきました。

同時に強くお伝えしたいのは、

コミュニケーション上手＝笑顔、ではない

ということ。

「笑顔は最高のコミュニケーションツール」などといった記事をよく目にしますし、社員教育の現場などでも、まずは笑顔の練習から始める企業は少なくありません。ですから、そう思ってしまうのも無理からぬことです。

私のレッスンに訪れる生徒さんのなかにも「笑顔に自信がなくて……」とおっしゃる方の、なんと多いことか。

そういう方々に「無理に笑顔をつくらなくていいんですよ」と話すと、非常に驚かれます。

でも、よくよく考えてみてください。

あなたの知るコミュニケーション上手な人は、いつもニコニコしているばかりですか？

いいえ、**必要なときにはしっかりと自分の意見を言えたり、場をまとめたりする力をもっている**のではないでしょうか。

そして、**あなた自身が目指したいのも、臨機応変に対応できる人**なのではないでしょうか。

大切なのは、

「いつも笑顔でいる」ことではなく「状況に応じていちばん的確な表情をつくれる」こと

なのです。

その場その場を適当にやり過ごすのではなく、誠実に自分の思いを表情にのせること。そのために、その場にいる自分を俯瞰《ふかん》できること。

笑顔はあくまで、コミュニケーション手段のひとつです。

けっして最終目標ではないことを忘れないでくださいね。

真のコミュニケーション上手は「TPO顔」

では、目指すべきは笑顔でなく、どんな顔でしょうか?
それは**「TPO顔」**。
具体的に説明すると、

時と場所に応じてセレクトされた、もっとも適切な表情

のことをいいます。

私から見て、この「TPO顔」が上手だなと感じるのは、いわゆるVIPとされる人たちに多く存在します。

社会的立場が高い人たちは、場に応じた的確なコミュニケーションを求められる機会が多いので、必然的に鍛えられているのでしょう。

逆にいえば、ＴＰＯ顔を使いこなせる人だからこそ、社会的立場が上がっていくのかもしれません。

たとえば、ある高名な政治家の演説を見ていると、支持者に無邪気な微笑みを向けたかと思えば、厳しい口調で政策を訴えかけたりと、表情の振り幅がとても大きい。

百戦錬磨の政治家ですから、**そのとき、その場でもっとも人の心をつかめる表情、自分の思いを効果的に伝えられる表情を、瞬時に判断してつくっているの**だと思います。

よほど感情のコントロールに長《た》けているのだろうと、眺めていて感心させられます。

このように**コミュニケーションに優れた人というのは、いろいろな「顔」をもっている**もの。

表現の引き出しの多い人こそ、魅力的に映るのです。

そして、表情のバリエーションは、トレーニングによって増やすことができます。

件《くだん》の政治家の場合、おそらく長い年月をかけてさまざまな経験を重ねた結果、このような表現力が培われたのでしょう。

しかしトレーニングにより、長い年月をかけずとも、同じように顔の表現を多彩に増やすことは可能です。

いつもニコニコしている〝だけ〟で終わらない、さまざまな状況に応じてさまざまな表現ができる「ＴＰＯ顔」を目指しましょう。

TPO顔のバリエーション図

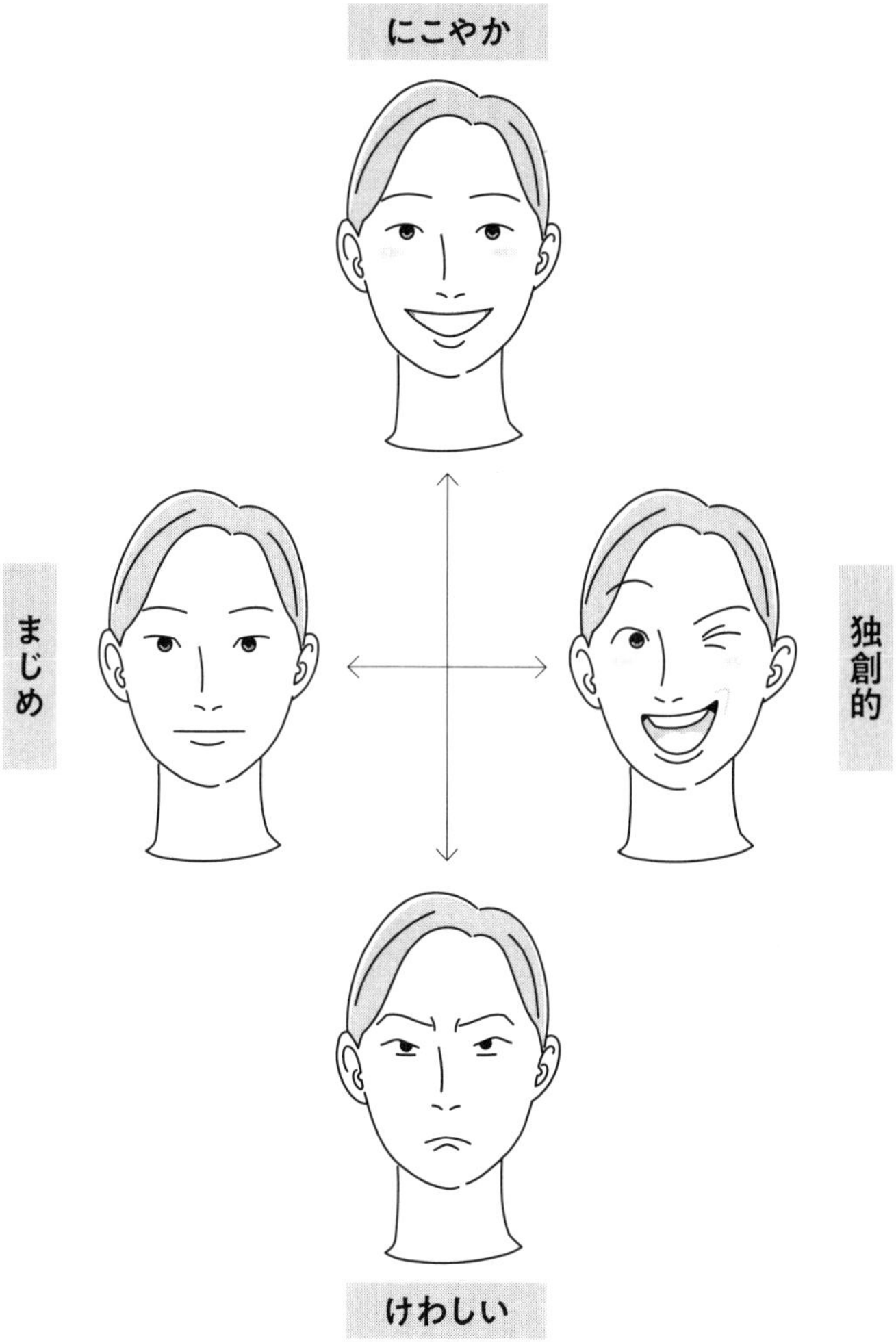

顔を動かせない人などいない

好感度に「もとの顔立ち」は関係なし

その前にはっきりさせておきたいのですが、コミュニケーションに**もともとの顔立ちは関係ありません。**

もし「あの人は美形だから特別なんだ」と思っているのなら、ぜひこう考えてみてください。

美男美女だから感じがいいのではなく、顔の使い方が上手だから魅力的に感じられる。

私は職業柄、モデルや俳優などの芸能人をたくさん目にします。

今では押しも押されぬ人気となった某女優を例に挙げれば、デビュー間もないころは表情にあまり覇気がなく、今ほどの魅力は感じられませんでした。

でも、徐々に顔の使い方を意識して身につけたのでしょう、イキイキとした笑顔やキリリとした表情を見せるようになり、その魅力はどんどん増していきました。

顔の左右バランスにも多少の偏りがありましたが、それも改善されました。

顔立ちでいえば、もとから整っていて美しい人です。

それがＴＰＯに合わせて感情を表現できるようになったことで、デビュー直後とは段違いの魅力を獲得したのです。

そして同時に「親しみやすい」「友達になれそう」といった好感度をも手

に入れました。

ここで重要なのは、**表情を通して魅力が増した**ということ。

逆にいえば、**いくらもとの顔立ちが整っていても、その顔をうまく動かせずにいたら、最大限の魅力を発揮することはできない**ということです。

顔の造作を気にすることはありません。

どんな顔立ちかよりも、どう顔を動かすかのほうがはるかに大事であり、効果があるといえるのですから。

「今の自分」がずっと続くわけではない

「自分の顔が嫌い」という人は、けっこう多いようです。

目が小さいとか、唇が薄いとか、ひとつひとつのディテールを気にして消極的になってしまう気持ちはわかります。

おそらくこれまで「生まれつきそういう顔だから」「無愛想に見える顔だから」などと、仕方のないものとしてあきらめざるをえなかったのですよね。

その結果「どうせ、どうにもならない」と落ち込んだり、引っ込み思案になってしまったり……。

でも、何度でも言います。

顔を動かすことなら、これからのトレーニングでいくらでもできるようになります。

今の自分の顔が嫌いでも、これから変えることができるのです。それも、お金のかかる美容整形や、厳しいダイエット以外の方法で。

私はこれまでたくさんの方に顔の動かし方を指導してきたので、人の顔を見るとつい、その人がトレーニングしたらどう変わるか、瞬時にシミュレーションしてしまいます。

そんな私から言わせれば「新しい自分に変われる可能性」に気づいている方は、ほとんどいません。

生まれてからこれまでに見てきた顔がすべてで、この先も同じだという思い込みにしがみついているようです。

とんでもない、**あなたの顔には未知なる魅力が埋まっています**。

それを早く表に出してあげたいと、歯がゆくなるほど。

ごく簡単なトレーニングで変えられるのですから、少しでも悩みがあるなら、まずは動かし方を変えてみましょうよ、と声を大にして言いたいのです。

そうすれば、**自分を嫌いな気持ちだって変わります**。

だから約束してください、この先**「どうせ私なんて」**は**禁句**ですよ。

私があなたに最終的に望むのは「顔を動かす」ことの先にある**「自分に自信をもつ」**ことです。

どうしたら自分に自信をもてるでしょうか？

それは、顔の使い方が明確になることで、自然とわき出てくるものです。

言い換えれば、顔の使い方がわからないから不安になってしまうのです。

トレーニングによって**使う筋肉やその使い方が明確になると「これでいい**

んだ」という満足感、安心感を得ることができます。

これが自信につながるのです。すると、コミュニケーションも変化します。顔を動かした結果、コミュニケーションにも自信がもてるように進化するわけです。

他人と比べる必要はありません。あなたにはあなたの魅力があります。

自分だけの理想を目指せるメソッド、それがコアフェイストレーニングなのです。

コミュニケーションが苦手なタイプとは

ひと口に「コミュニケーションが苦手」といっても、細かく分けるとさまざまなパターンが存在します。

そのいくつかをご紹介しましょう。

A．感情がダダ漏れ

喜怒哀楽がそのまま顔に出てしまうタイプ。場に合わせた表情の使い分けを意識していない（し、できない）。特にネガティブな感情がストレートに表れてしまうと、人付き合いの幅がせばまるなど「顔で損をする」ことに。

B. ただのいい人

笑顔をつくり、その場を取りつくろうことはできるタイプ。いわゆる「いい人」という評価を受けることもあるが、もっともふさわしい表情が俯瞰できるほど、心に余裕はない。場合によっては軽く見られ、ぞんざいに扱われてしまうことも。

C. つねに〝凪《なぎ》〟

表情に動きがないため、感情がないように見えるタイプ。「何を考えているかわからない」と思われがち。内心では心が動いている人もいれば、実際に動きがない人もいる。本当は言いたいことがあるのに、うまく言い出せなかったりもする。

D．力みすぎ

つねに表情が緊張しているタイプ。何か発言しようとすると顔がこわばってしまったり、真剣に聞こうとするあまり、怖い顔になってしまったり。また、がんばって笑顔をつくろうとして、不自然な印象を与えてしまう人も。

いかがでしょう、あなたに近いタイプはあったでしょうか。

もしあなたが今、A～Dのいずれかに当てはまったとしても、心配することはありません。

Ａタイプは、それこそ無意識のうちに、**その場その場の感情が表情に直結してしまう**人。

コアフェイストレーニングによって表情をコントロールできるようになれば、いわゆる〝大人の対応〟が身につき、対人関係が大きく変わる可能性を秘めています。

Ｂタイプは一見、人付き合いに悩むことはなさそうです。

しかしそのじつ、**感受性にフタをして「とりあえず笑顔でいれば問題ないだろう」と、消極的にやり過ごしている**だけの場合も。

そういった思惑は意外と伝わりますから、初対面の相手から軽い存在として扱われたり、対人トラブルに巻き込まれたりすることさえあります。

これはＣタイプにもいえることですが、トレーニングによって表情が動きやすくなれば、必要な場面で笑顔をさらに輝かせたり、ときには凛とした表情で対応したりできるようになります。

この芯の通った態度こそが相手の信頼を獲得し、心を通わせる第一歩になるのです。

そしてDタイプの反応は、きっと**自信のなさの表れ**なのでしょう。

顔のゆるめ方を知ることで、やわらかさ、親しみやすさが生まれますから、あなたの持ち味が、もっと自然に開花するはずです。

忘れないでほしいのは、**現時点の自分を悲観する必要はまったくない**ということ。

これからあなたは、どんどん魅力的に変わっていく一方なのですから。

顔も体と同じように「筋トレ」が必要

「体」は鍛えるのに「顔」はほったらかし？

体を鍛えるトレーニング、いわゆる「筋トレ」は、いまや一般にかなり浸透しています。

ボディビルダーやプロのアスリートでなくとも、体に適度な負荷をかけて鍛えることは、心身ともにメリットがあると広く知られ、実践されていますよね。

年齢を重ねるごとに「おなかがぽっこり出てビール腹になった」「体のあちこちがたるんできた」などと気になる部位が増え、ジムやプールへ通う人は多くいます。
そんななか、いつも不思議に感じているのですが、**なぜ体の変化には敏感に反応して鍛えようとするのに、顔はほったらかしにしておくのか**。

むしろ、顔は「刺激を与えるとシワになってしまう」などといわれ、マッサージを含め「できるだけさわらないほうがいい」という考えも根強く存在します。

私のレッスンを初めて受ける方から「こんなに顔をさわって大丈夫でしょうか……」と、心配されることも少なくありません。
でも、冷静に考えてみてください。

顔と体はまったくの別ものですか？

顔も体と同じく、皮膚や筋肉、骨などで構成されています（体に比べると、関節の数が少ないなどの特徴はあります）。

現に顔や頭の皮膚は、そのまま首、そして体へとつながっています。

それなのに、首から上となるとたんに〝立ち入り禁止ゾーン〟にされてしまうのは、どう考えてもおかしいですよね。

顔の動きは「素早く、しなやか」を目指す

「筋トレ」という言葉を使うと、ボディビルダーがマッチョを目指して激しく鍛えるようなイメージがあるので、もう少し補足しますね。

アスリートは競技の種類によって鍛え方が異なります。

たとえば、ボディビルダーは筋肉の発達自体を目的としていますが、短距離ランナーのようなスピードが求められるわけではないので、速さを意識したトレーニングを行う人は少ないのではないでしょうか。

コアフェイストレーニングの場合、ただ筋肉を増やし、引き締めるために鍛えるのではなく、バスケット選手のような〝瞬発力〟、バレエダンサーのような〝しなやかさ〟をも意識します。

具体的には**「顔の各パーツの可動域を広げる」「動かすスピードを上げる」「ムダな力を抜く」**などの複合トレーニングです。

最初に変わるのは笑顔の質。

たとえば、会話中に口角が上がりやすくなる、目がぱっちりする、といった変化が起こります。

自撮りしてもらうと、自分で思い込んでいるよりも目は大きく開き、口角は上がり、頬の立体感が増していることにみなさん驚かれます。しかも、左右バランスよく。

初めてトレーニングされたシニアの方が「私、自分がこんなにかわいかったなんて知らなかったわ！」と驚いていらしたこともあります。

トレーニング初期なのでまだ「静止画」の段階ですが、それでも、写真写りは見違えるように変化します。

ここにスピードや柔軟性（ゆるみ）を強化していくと、人と目が合った瞬間すぐに口角を上げられるようになり、喜怒哀楽を力みなく切り替えて表現できるようになり、しだいにその動きがなめらかに自然になり……。

もちろん、こういった瞬発力、しなやかさを身につけるまでには、継続しての練習が必要。それは筋トレも同じことですね。

1日30秒でも鏡に向き合う習慣をつけられれば、少しずつ、しかし確かに変わっていきます。

顔を動かすと皮膚がたるむ!?　心配は無用

ここまでトレーニングのメリットをご説明してきましたが、それでもまだ顔を動かすことに抵抗があるという方には、ぜひ私自身を証人として見ていただきたいと思います。

右の写真（ｂｅｆｏｒｅ）は38歳、まだコアフェイストレーニングを開発する前の私です。

左の写真（ａｆｔｅｒ）はトレーニング歴13年、51歳の私です。

説明なしに見たら、きっと左のほうが若いころの写真だと思われるのではないでしょうか。

右は、顔全体が横に広がり、頬にもしっかりと肉が乗っています。

それが**トレーニング後、輪郭がひとまわり細くなり、頬もすっきりし、目鼻立ちにはメリハリがつきました。**

シワが増えるどころか、筋肉に刺激を与えることでハリが出て、シワが薄くなるという真逆の効果を感じていただけると思います。

トレーニーたちの合言葉「筋肉は裏切らない」は、顔にだっていえることなのです。

そしてこのｂｅｆｏｒｅ＆ａｆｔｅｒで、初対面の相手により強く覚えてもらえるのは……おそらくａｆｔｅｒ、今の私でしょう。

単なる顔の印象だけの話ではありません。

右のころの私は、アルゼンチンタンゴのダンサーとして必死にがんばっていましたが、人付き合いはけっして得意ではありませんでした。

一方、今の私は、初対面で「とっつきにくい」「話しかけにくい」など、相手から避けられることはまずありません。

また、自分から相手に働きかけることもできるようになりました。道で困っている人を見かければためらいなく声をかけますし、初対面の人だらけのビジネスの場でも臆せず話すなど、自分から積極的に人と関わることができます。

あらゆる点で今の自分のほうが好きですし、冒険心の芽生えとでもいうのでしょうか、つねに何かが始まるような予感があり、毎日のワクワク度も高まっています。

顔を動かせば周囲も変わる

✓人付き合いで損をする「思い込み」

コミュニケーションが苦手な人の〝あるある〟な特徴のひとつに、**「自分が思っていることを、相手はきっと気づいているだろう」と思い込みやすい**ことが挙げられます。

たとえば就職試験の面接や習いごとの発表会などで「私がこんなに緊張し

ていることは、ここにいるみんなにバレバレだろうな」などと考え、よけいにガチガチになって、本来のパフォーマンスを発揮できなかった経験はありませんか?

それも「緊張しているのが伝わっている」「嘘をついているのがバレている」「怒っていることに気づかれている」など、たいていが**ネガティブな方向にいきがち**ではないでしょうか。

この場合、実際にはそうでもないことが多いのです。

あなたが「すごく緊張しちゃって、うまくいかなかったよ」と言わなければ、周囲は「堂々としているように見えたけどなあ」と気づかなかったり、その程度のこと。

このように、自分が相手に見透かされていると必要以上に思い込んでしまうことを、心理学用語で「透明性の錯覚」といいます。

実際はそうではないのに、そうだと思い込んでしまう。

この傾向が強いと、物事はマイナスに働きかねません。
緊張して本来のパフォーマンスを発揮できない、人見知りして人付き合いが始まらない、といったことですね。

ネガティブな表情が呼ぶ負のスパイラル

ネガティブな思い込みで自分への自信や信頼が失われてしまうのも残念なことですが、もうひとつ心配なことがあります。

それは、

あなたの表情は周囲に伝染する

ということです。
人間の脳には「ミラーシステム」という機能が備わっています。
自分のまわりで起きている出来事に対し、当事者と同様の感情が引き起こされる――つまり、共感や感情移入が生まれるのです。

たとえば、赤ちゃんの笑顔につられて微笑んだり、親が泣く姿を見て自分まで泣きたくなったり、といったことはよくありますよね。

集団のなかでひとりの人に笑顔をつくらせたところ、周囲も笑顔になりやすかった、という研究報告もあります。

これらは、人間の間で表情と感情が伝染していくことを示す例です。

気をつけたいのは、**この伝染現象が、ポジティブ・ネガティブ両面で起こるということ**。

ポジティブさが伝染して困ることはあまりないでしょうが、問題は、ネガティブな表情を介して感情が伝染してしまう場面。

怒りっぽい上司が部下を怒鳴りつけてばかりいる職場の空気は、けっして明るくないだろうことは想像がつくでしょう。

それは、怒鳴っている上司や怒られている部下本人だけでなく、周囲で働く人たちにもネガティブな表情や感情が伝わり、その職場全体の雰囲気を悪くさせるからです。

おどかすようで申しわけないのですが、同じような現象が、あなたと周囲にも起こりえます。

「私が怖がっていることが、この人には丸わかりに違いない」などと**悪いほうに思い込んで接すると、表情からそれが相手にも伝わり、ネガティブな感情を抱かれてしまいます。**

すると相手の表情もネガティブになりますし、その反応を見たあなたはますますネガティブな思考を強めてしまい……という負のスパイラルに。

これでは、円滑なコミュニケーションを続けるのは難しいでしょう。

さらにいえば、**表情しだいで自分の感情に関係なく、ネガティブな反応を**

引き起こしてしまう可能性さえあります。

人が印象を判断するのに、外見の要素が大きいことはすでにお話ししましたね。

自分では機嫌がいいつもりでも、表情がそうではないことで相手が「この人、怒っているのかな」と受け止めたなら、これまた相手の感情はネガティブなほうに動きます。

真の思いとは裏腹に、表情によってネガティブに受け止められてしまう可能性については、ぜひ頭に入れておいてほしいと思います。

✓ 表情を変えるだけで人間関係がよくなる

「いつも自分だけ飲み会に誘われない」
「同窓会に参加したものの、閉会までひとりぼっち」
「私以外の保護者たちで、ママ友グループをつくっていた」

……**「ふと気づくと、周囲の人間関係からはじかれているタイプ」**は、**えてして自分を責めてしまいがち**です。

それも「自分が明るくさっぱりした性格じゃないから嫌われるんだ」「私が頼りないキャラだから誘われないんだろう」などと、**性格を気にしてしまう傾向**にあります。

その場所が自分にとってふさわしい場ではなかったのだと、勝手に納得してしまうことも、ままあります。

無理もないことですが、でも、どうかそこにとらわれないでください。

これまでにも説明したように、**人間関係がうまくいかないのは「性格」がどうこう以前に、その場での「表情」が原因になっていることも多い**のですから。

逆にいえば、**表情しだいで状況を好転させることはじゅうぶん可能**です。

身もふたもない言い方をすれば、

「表情さえ変えれば解決する」ことも多いのです。

性格うんぬんはいったん横に置き、切り離して考えましょう。

ＴＰＯ顔をつくれるようになれば、それだけで人間関係のつまずきを解消できるケースはたくさんあります。

私がトレーニングを実践し、また、生徒さんたちの変化を見て感じるのは**「顔がスムーズに動くか」と「コミュニケーションがスムーズにとれるか」は比例する**ということです。

顔がスムーズに動くようになり、気持ちも変わり、その結果、コミュニケーション能力がおもしろいほどにアップする例をたくさん見てきました。

ですから、今の自分の状態を根拠に、思い詰めすぎないようにしてくださいね。

あなたは「自分の顔」を知らない

✓ 鏡やアプリは「本当の顔」を映していますか？

自分の顔を直接見ることはできません。だから私たちは、鏡をのぞいてチェックします。

でも、勘違いしている人が多いのですが、

「鏡に映る顔」＝「他人から見たあなたの顔」ではありません。

人は鏡をのぞくとき、無意識に表情をつくろうとします。

目に力を入れ、あごはすっきり見える角度で、唇をすっと引き結んで。

だから誤解しがちなのですが、それは**あなたの顔ではあっても「他人から見たあなたの顔」ではありません**。

どういうことか、詳しくご説明しましょう。

鏡に向かって構えた顔は、あなたにとっての「自分を意識した顔」、いわゆる〝キメ顔〟です。

家でも外でもずっとその表情をキープできるなら万々歳ですが、なかなかそうはいきませんよね。

実際に他人とコミュニケーションをとるとき、他人が目にするあなたの顔は、鏡を見ながらばっちり調整したキメ顔ではないのです。

たいていの人は、鏡に向かってポーズをとるように、いつでもどこでも表情をつくることなどできません。

できたとしても、そのままずっとキープすることは難しいでしょう。

となると、そこに**「自分がイメージする自分の顔」と「他人から見たあなたの顔」というギャップが生まれます**。

あなたが思うあなたの顔は、鏡の中にしか存在しないのかもしれません。

気づかないうちに撮られた写真を見て、愕然《がくぜん》としたことはありませんか？

眉間にシワが寄っているとか、口がひん曲がっているとか、不機嫌そうな雰囲気だとか、鏡に映る自分とはまるでかけ離れた表情……。

残酷な事実ですが、それが「他人から見たあなた」です。

そのくらい、**自分からと他人からとでは「顔の見え方」が違う**のです。

さらに、このギャップを生み出す原因になるものが、もうひとつ——みなさんよくお使いのスマートフォンのカメラとアプリです。

いまや写真はアプリでの加工が当たり前。

ワンタッチで目は大きく、鼻筋はすっきりと高く、輪郭は細く、肌は白くなめらかに……自分の理想どおりの顔に仕上げてくれます。

ＳＮＳへの投稿前に、自撮り画像の修正加工が習慣になっている人も多いのでは？

すると、いつの間にかこの「アプリで仕上げた顔」が「真の自分の姿」だと脳が勘違いしてしまうのですね。

言い換えれば**「本当の自分を見ることを脳が拒否している」状態**です。

でも、気づいてください。あなたと実際に顔を合わせ、話す人が見ている顔こそが〝真実の姿〟だということに。

アプリマジックで自分はだませたとしても、あなたと関わる人たちが目にするあなたが魅力的でなければ、人間関係はいいほうに向かっていかないのではないでしょうか。

✓「本当の自分」がわかる鏡の見方

さあ、あらためて鏡を1枚、用意してください。

サニタリーの鏡を、身支度ついでにのぞくだけでは足りません。

家の中の、ふだん自分がよく通る場所に鏡を置いてみましょう。

そして、**通りがかりにふっと目に入った顔――それが「普通にしているときのあなたの顔」**です。

少しでも**「なんだか怖い」「けわしい顔つきだな」とネガティブに感じたなら、注意が必要**です。

あなたと相対する人も「怖い」「けわしい」と感じているかもしれないのですから。

あなたの脳内イメージでは感じよく微笑んでいるつもりでも、相手からは「険のある作り笑顔だな」と受け取られている可能性があります。

セルフイメージと、他人から見た現実の姿とのギャップ——まずはそこをしっかり見つめないと、改善すべきポイントがわからないままになってしまいます。

あなたのこわばった笑顔を見て、相手が「なんだか信用できなさそうな人だな」と感じ、壁をつくったとしましょう。

あなたが「この人、どうして私にだけよそよそしいんだろう。心を開きにくい性格なのかな。だったら私にはどうしようもないな」としか受け止められなかったら、そこで終わってしまいます。

実際は、あなたの表情を見て相手が態度を硬化させたかもしれないのに、です。

それって、とてももったいないですよね。

誤解しないでくださいね、もしあなたが今、仮にそういう顔になっていたとしても、責めるつもりなどありません。

そうではなく、そこに**気づけるかどうかが大切**だということを伝えたいのです。

まずはスタートラインとして**「部屋に鏡を用意する」、そして「鏡をのぞく習慣をつける」、このふたつから始めましょう。**

鏡をのぞけば理想に近づく

少々厳しめの話が続いたので、ここで希望のもてる話をしますね。

じつは、**特にトレーニングをしたわけではないのに「鏡を見るようになっただけで、顔の動きがよくなる人」**が少なからずいます。

どうしてだと思いますか?

きっと、**自分の〝素の顔〟を直視したことで「ウィークポイントを改善するための動き」を意識しやすくなったから**ではないでしょうか。

自分を「見られている」視線で見たとき、これまで脳内でいいように補正していたアプリを取り払うことができ、その結果、垢抜けにつながったのだと考えられます。

鏡はそのための強い味方になってくれます。

男性は特に、鏡をろくに見ない人が多いですよね。

「男は顔なんて気にするな」というひと昔前の格言は、もう忘れましょう。

コミュニケーションをしっかりとれる人は、男女関係なく自分の顔をよく観察し、どう動かせば最大限のパフォーマンスが発揮できるかを熟知しています。

以前、出席したビジネス関係のパーティでのことです。

ある男性のすぐうしろに立っていた私は、彼が顔の動かし方はもちろん、うしろ姿のたたずまい、全方位において意識し尽くしていることを感じ取りました。

どの角度から見ても完ぺきな表情、身のこなし、いでたちでした。

おそらくその方は、**つねに他人から見られたときの姿を想像し、自分をみ**

がいているに違いありません。

有能なビジネスマンだともっぱらの評判でしたが、仕事で成果を上げ続けてきたことと、見た目への意識が無関係だとは私はけっして思いません。

先にお話しした、デビュー後にどんどん魅力を増した女優の例もそうですが**「自分はこうであるはずだという思い込み」から抜け出して「他人から見た自分がどんな姿か」を冷静に意識できるか**、そこがブレイクスルーの第一歩になるでしょう。

本当の自分を知ることは怖いかもしれません。

これまでイメージしていた姿とのギャップに落ち込むかもしれません。

でも、それを乗り越えれば、するべきことが見えてきます。

誰だって、最初から自由自在に顔を動かせるはずはないのですから、ネガティブになる必要はないのです。

大丈夫、この本を読んできたあなたには、もうそれだけの勇気が身についているはずですよ。

顔を動かして
人生が変わった！

コアフェイストレーニング体験談

ままだよしこメソッドに賛同し、
インストラクター養成講座を受講した
生徒さんたちの声をご紹介します。
コアフェイストレーニングを実践して
大きく変化したことについて、
語っていただきました。

「言いたいことを言えずにモヤモヤ」を解消してすっきり！

西田優子さん
（48歳／トレーニング歴４カ月）

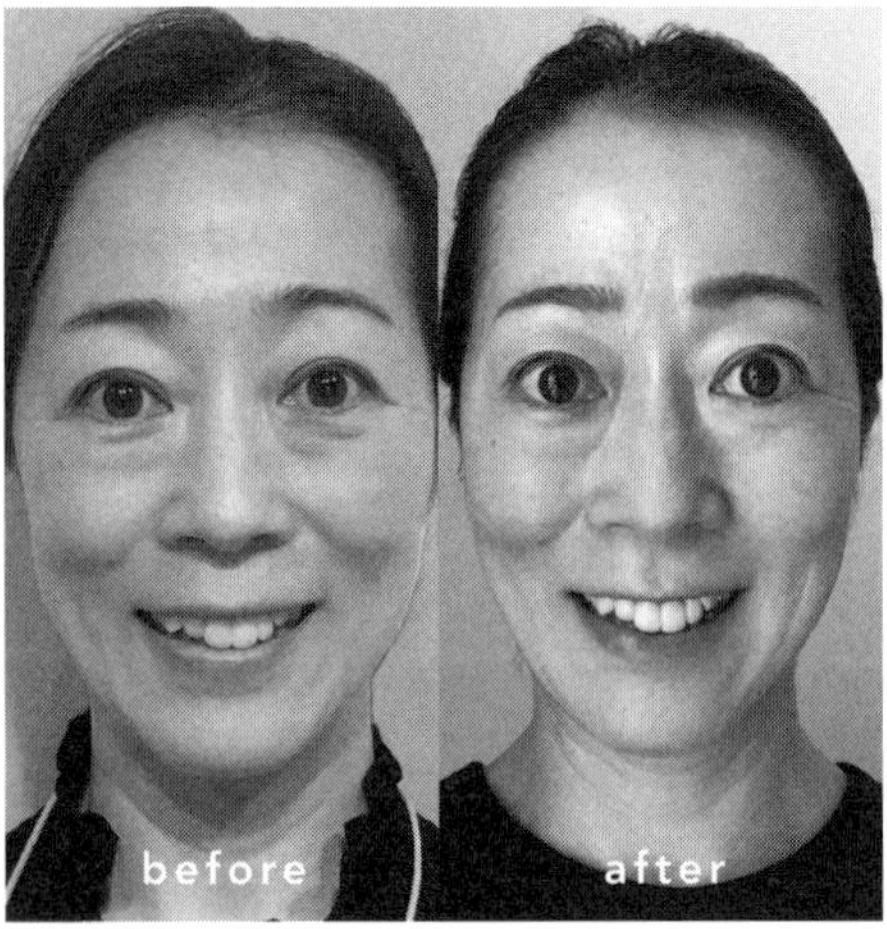

すきま時間に「口角を上げる」意識をもつ

　コアフェイストレーニングを始めてからというもの、車の運転中などのひとりの時間、気づいたときに「口角を上げる」ことを意識するようになりました。また「今日はあまりしゃべっていないな」と感じたら、すかさず顔を動かすようにしています。

before

人の顔色をうかがってしまい あとでモヤモヤ……

在宅ワーク期間に部署異動になったので、職場で同僚たちと顔を合わせる機会が少なく、なかなか打ち解けるまでには至りませんでした。話すときも相手の反応をうかがうクセがあり、お願いごとや助言など、言いにくいことは「だったら、自分でやればいいか」と飲み込んでしまいがちで……。結局、あとから自分が大変な思いをすることになって、いつもなんだかモヤモヤしていました。

↓

after

言いにくいことも 笑顔でさらりと言える

以前は相手から「気をつかっていますよね?」と指摘されることが多々ありました。おそらく私が「言いにくいな」と苦手意識をもっていることが、表情から伝わってしまっていたのだと思います。トレーニングを続けて今は、お願いごとも口角を上げてすんなり言えますし、それに対して「わかった」「大丈夫よ」と返してもらえています。そういう反応が返ってくることさえ驚きで、これまでは自分自身で勝手にため込んでしまっていたんだな、と気づきました。また、昔から人前で話すときは過緊張気味でしたが、今は会議でも口角を上げて、はっきりと滑舌よく話せます。コアフェイストレーニングを始めてから、年齢を重ねるのが怖くなくなりました。今後も笑顔で、周囲の人たちと楽しい気持ちで過ごしていきたいです。

自然と「伝えたい」気持ちがわき上がってくる！

伊藤雅子さん
（44歳／トレーニング歴3年）

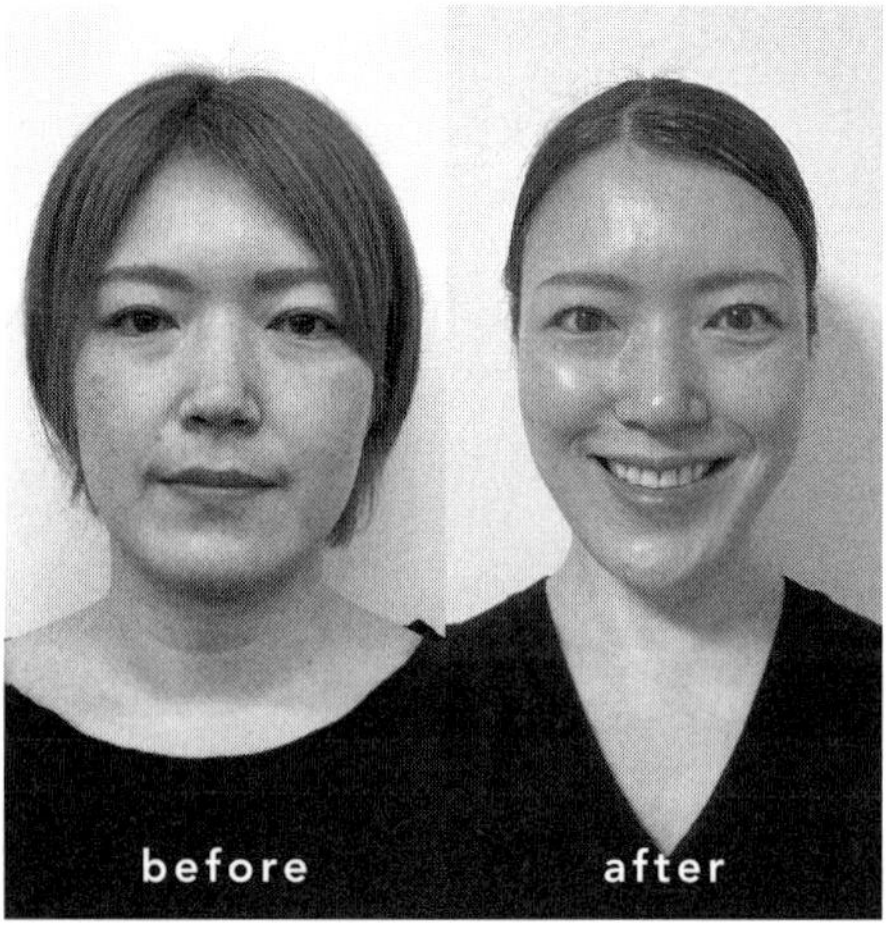

変化を信じて毎日コツコツとはげむ

ヨガの経験から「長期間努力すれば必ず変化する」と信じていたので、コアフェイストレーニングにもコツコツとはげみました。３カ月ほど続けて顔に変化が感じられたころ、思いがけず性格にも大きな変化があって。外見以上に、内面の変わりように自分でも驚いています。

before

人に教える立場なのに話すのが苦手

私はヨガのインストラクターでありながら、人前で話すのが苦手で、いつも無表情……第一印象で「怖い先生なのでは」と身構えられてしまうこともよくありました。今思うと、私自身はただ普通にしているつもりなのに、笑顔がなく、レッスンに必要なこと以外は極力しゃべらないようにしていたので、知らず知らず、相手に威圧感を与えてしまっていたのかもしれません。

↓

after

話し下手からコミュニケーション好きに

顔が動かしやすくなったら、自然と笑顔が増えて、自分から「会話したい」という気持ちが強くなりました。これまでは、過去の失敗など「話したらマイナスに受け取られるだろう」と思うことは黙っていたのですが、思いきって話してみたら、相手の共感を呼ぶなど、意外な結果につながることもあると知って。この学びから伝えたいことがたくさんあふれ出てくるので、座学中心のヨガレッスンもスタートさせることにしました。以前の私の印象は「おだやか・まじめ・落ち着いている」でしたが、今は生徒さんから「いつもニコニコしていて元気をもらえる」と言っていただけることが増えました。SNSでの情報発信などを通して、昔の私みたいに「変わりたいけれど行動に移せない」人をあと押ししていけたらうれしいです。

体の「軸」が通り
感情表現の幅が広がった！

高草量平さん
（46歳／トレーニング歴7カ月）

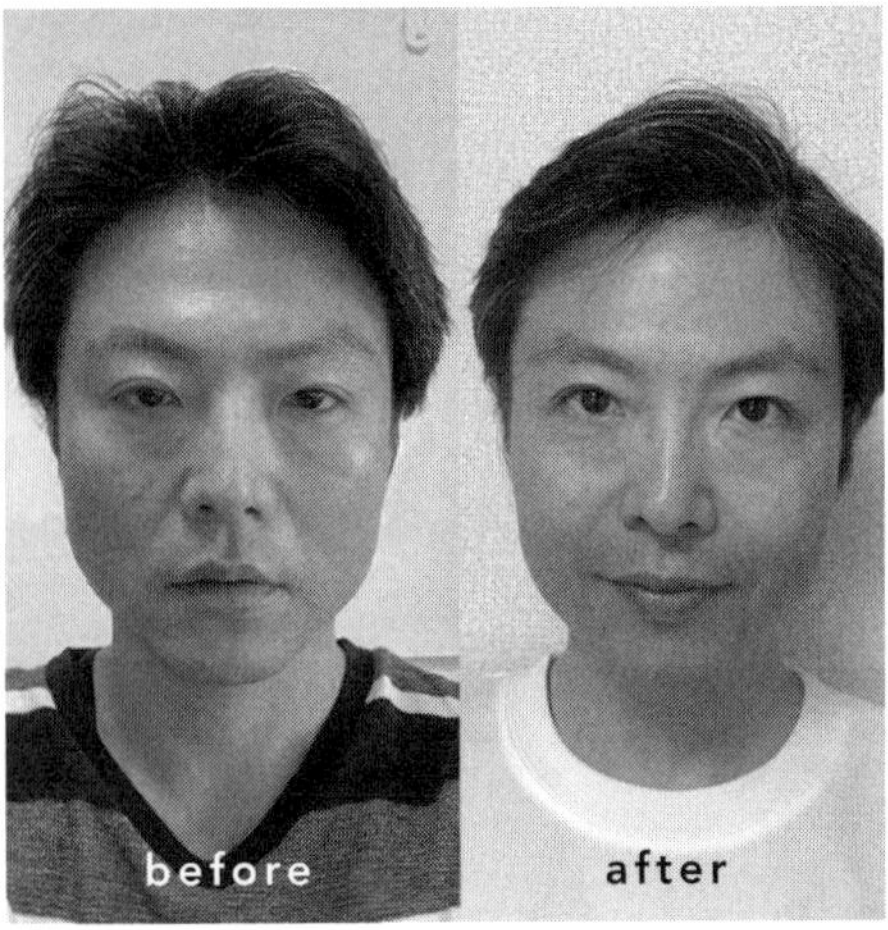

習慣化することで
変化を楽しむ

これまで日常生活で口角を上げる習慣がなかったので、最初は筋肉に覚えさせるのが大変でした。家事をしているときやマスクの下でも、口角を上げるトレーニングをして……（笑）。それでも習慣化して変化を感じられるようになると、さらにやる気が出てくるものです。

before

力みのせいで
いつも表情がかたい

俳優をしているのですが、クールな役柄が多く、キリッとした表情や演技はできても〝やさしいお父さん系〟がずっと苦手でした。家族向けCMのオーディションでも、子役と接すると相手を緊張させてしまうように感じていて……。目つきが鋭く、つねに気負いすぎているのか「不機嫌そう」と言われることもあり、それが俳優としての幅を広げるうえで悩みどころでした。

↓

after

心身がゆるみ
余裕をもって演じられる

コアフェイストレーニングで軸を使い、筋肉をリラックスさせると、外部からの情報や刺激が入る余裕が生まれます。私の場合、心を動かしやすくなり、撮影現場で多様なオファーに即座に応えやすくなりました。演技の振り幅を広げられたと感じています。オーディションではすぐに子役の子と打ち解け、遊んでいるようにリラックスして心を通わせられます。自分のなかで「余裕をもって接することができている」という安心感は大きいですね。コンプレックスだった目つきの鋭さも、自然と解消されていました。体の軸を使ったトレーニングなので、おなかまわりの肉がとれ、姿勢がよくなるという変化もありました。こうした実感から、スポーツや音楽などさまざまな分野でも、パフォーマンスが上がるような気がします。

自分を「俯瞰」する余裕が生まれ愛着がわいた！

小林かおるさん
（54歳／トレーニング歴３年、顔ヨガと合わせ10年）

生活のなかで無理なくトレーニング

真剣な顔をしているつもりなのに、眉根を寄せるクセのせいで「困っているの？」と聞かれるような自分の顔が好きではなく、トレーニングを開始しました。「トイレに入ったら顔を動かす」など条件づけをすることで、生活のなかで無理なくトレーニングを習慣化できました。

before

顔と体の
ちぐはぐさに違和感……

喜怒哀楽、特に「怒」と「哀」の感情がストレートに顔に出がちなのが悩みでした。また、ウォーキング・インストラクターという職業柄、自分も含め「歩き方は改善されても仏頂面のままの人が多い」ことが気にかかっていて……。そんなとき間々田式のメソッドに出会い、顔と姿勢を同時に整える点に惹かれたのです。だんだんと笑顔をつくれるようになり、自分の顔にも愛着がわいてきました。

↓

after

自分の感情や相手の表情に
左右されない

今でも初対面の生徒さんにレッスンをするときなど、緊張はしますが、笑顔でいられますし、相手にも悟られずに会話で盛り上がることができます。「どんなにピンチのときでも感じよくふるまえる」という自信があるから、たとえ内心では緊張していたとしても、場の空気をよいほうへ導くことができるのでしょう。逆に、相手の表情がまったく動かないようなときでも、深読みしなくなり、感情が悪いほうに引きずられなくなりました。ウォーキングのレッスンにおいても、コアフェイストレーニングで身につけた「客観的に状態を把握する」力が全身に応用でき、とても役に立っています。ウォーキングとコアフェイスを融合させたレッスンを行いたいと思うようになり、その夢を今まさに実現させているところです。

第2章

誰だって
コミュニケーション上手に
なれる

性格はそのまま、顔だけ変える

「まずは性格から」はプレッシャーになる

「内面が顔に出る」などとよくいわれますよね。

その言葉どおり、私たちは「心＝顔」、感情と表情は切り離せないものと思い込みがちです。

内面の感情を映し出すのが表情。

だから、表情を変えるなら、まずは内面から変えなければ。

明るくほがらかな気持ちで過ごせば、自然と笑顔になれるはず……。

でも、ちょっと待ってください。それってけっこうシビアな注文ではありませんか?

誰にだって感情の浮き沈みはあります。

ここで笑顔が必要だから、悲しくてもその気持ちをこらえて今すぐ明るい気持ちになろう! だなんて、とてもとても難しい。

もともと引っ込み思案でおとなしい性格なのに、笑顔になるために明るいキャラに変われといわれても、そうそう簡単にできることではありません。

あえて言います。

内面は表情に関係なし!

じつは**コアフェイストレーニングをすれば、内面（心、性格）に関係なく、その場にふさわしい表情をつくることができるようになる**のです。

必要に応じて、ここでは笑顔、あちらでは厳しく引き締まった表情というふうに、喜怒哀楽を自在に切り替えられます。

そして、そこに「感情」は関係しません。

つまり、たとえ内心で怒っていようがその怒りをダダ漏れにせず、笑顔をつくることができるのです。

ということは？　そう、

今すぐ、内面から変わろうとしなくていい

ということ。

人はいわば〝クセのかたまり〟。

表情のクセ、体の使い方のクセ、性格のクセ……さまざまなクセをもち合わせています。

凝り固まったクセを外し、望ましい方向にクセづけしていくことで、過去にとらわれず、新しい自分になることができます。

ただ、これまでにしみついた性格のクセをガラリと変えるのは、大変ですし時間もかかりますよね。

それよりは、**表情のクセを変えるほうがはるかに簡単**です。

今この瞬間に悩んでいるのなら、まずは顔を動かすことから始めてみましょう。

それに「この性格を直さなきゃ」「明るくならなきゃコミュニケーション上手にはなれない」などとプレッシャーを感じながら過ごすのは、とてもしんどいもの。

つねに明るく、元気なイメージでいなければならないと自分を奮い起こした結果、かえって憂うつな気分にとらわれてしまう人も目にしてきました。

まじめでがんばり屋なタイプの人ほど、ともすれば自分に高いハードルを課して追い込んでしまいがちです。

けっして無理はしないでください。

徐々に心と体をつなげていけばいいのです。

まずは**「内面と表情は切り離せないもの」という固定観念から自由になりましょう。**

相手との関わりで感情も変化する

「顔が先」「最初は表情と感情が一致していなくてもいい」とお伝えしました。

そういえるのは、じつは私の体験に基づいてのことです。

本当にどん底まで落ち込んでいたあるとき、仕事柄、笑顔をつくりはしたものの、内心ではネガティブな気持ちのままということがありました。

その場合、私の笑顔は感情と切り離されているから「嘘」なのでしょうか？

私の〝嘘笑い〟を見た生徒さんや仕事相手の方々が、私の笑顔につられて笑顔になります。

すると、それを見た私は「ああ、笑顔をつくっていてよかったな」と思えます。

その結果、どうでしょう、落ち込んでいた気持ちが薄れ、本当ににこやかな気分、笑顔に変わっていくのです。

このように「相手の笑顔によって自分の心が癒され、前向きな気持ちに変化する」ということを、私は数えきれないほど体験しています。

P74で「ミラーシステム」についてお話ししましたね。表情や感情が伝染していく例です。

そのきっかけとして、**まずは自分から、そのときの感情に関係なく笑顔をつくってみることは、とても大事な第一歩**ではないかと思います。

前段階から「今、私は気持ちと表情が一致しているだろうか」などと考えなくてもいい、とお伝えしたいのです。

表情もスポーツも同じ「トレーニング」

それでもまだ、楽しくもないのに笑顔になったり、わざと厳しい表情をつくったりすることが、なんだか自分の感情を置いてけぼりにするみたいで、違和感を覚える方もいるかもしれません。

「表情と感情が別」だなんて、まるで詐欺師になるための練習をしているみたい？（笑）

いいえ、これはあくまで「トレーニング」、顔を動かす練習。サッカーや野球、ダンスなどの練習となんら変わりありません。

これらのスポーツも、気がのらないという理由で練習をしなければ、そこに上達はありえませんよね。

思うように体を動かせるようになると楽しいですし、目標に向かって、ただひたすら練習にはげむはず。それと同じことです。

使うべき筋肉を知る。

↓

その動かし方を覚える。

↓

どう動かすかを考えながら、実際に動かす。

↓

だんだん自然にできるようになっていく。

この習熟していく過程で練習が不じゅうぶんだと、本番で本来の力を出しきることはできません。

逆に**毎日練習して極めていけば、どんどん自分のものにでき、やがて何も考えずとも自然と体が動く状態にまでもっていくことができます。**

つまり、迷いなく心の底からパフォーマンスを楽しめる状態（＝ゾーン）。

顔の場合は、感情や思考を介さずとも的確な表情がつくれているとき、いわゆる「ゾーン」に入った状態だといえるでしょう。

ただ、そこまでいくには、日ごろのたゆまぬトレーニングが必要なのです。

誰もがコミュニケーションをあきらめなくていい

じつは私も「コミュ障」です

今でこそセミナーでたくさんの人を前にお話ししたり、生徒さんにマンツーマンでメソッドを伝えたりと、まさにコミュニケーションありきの仕事をしている私ですが、じつは、**以前は絵に描いたような「コミュ障」**でした。

子供のころから人一倍、人見知りが強く、自分から話しかけることはおろか、話しかけられても相手の顔をきちんと見ることができず……とにかく人と対すると緊張してしまい、何を話しているのか、自分でもわからなくなってしまうほどでした。

当然、人と話して盛り上がったり、深い関係を築いたりだなんて、夢の話。もし変なことを口走ってしまったら？　笑われたらどうしよう？

みんなが当たり前にできているコミュニケーションがとれず、当時の私はコンプレックスのかたまり……いつも背を丸めて、教室のすみで身をひそめていました。

そんな自分を変えようと思い立ったのは、19歳のころ。

テレビ番組に応募してインドで「顔のヨガ」を体験したり、運動が大の苦手だったのにアルゼンチンタンゴに没頭したりと、のちの仕事につながるきっかけを手繰り寄せました。

傍目《はため》からは、冴えない学生時代を乗り越えて、やる気と能力がいよいよ目覚めた――そう見えたかもしれません。

けれど私のなかでは相変わらず、**自分のコミュニケーション能力の低さは**

大きな足かせとなっていたのです。

ここぞという大一番でガチガチに緊張してしまい、顔は引きつり、のどはこわばる。

そんな**自分に自信がもてるはずもありません**から、おどおどして、人にうまく気持ちを伝えることができませんでした。

そうなると、**人間関係にも響いてきます**。

アルゼンチンタンゴのダンサーとしておもに活動していた10年間で、ダンスパートナーはなんと10人以上も交代しました。

イライラした感情が先走ってしまったり、感謝の気持ちを表現できなかったり……根本にある自分の思いを上手に伝えることができなかったのです。

人付き合いが苦手だという意識は、人前に出る立場になってからも、ちっとも変わりませんでした。

「コアフェイス」が運命の転換点

アルゼンチンタンゴに没頭して10年ほどが過ぎたころです。

運動音痴を克服してダンスを手に入れた喜びから、当時の私は熱心に体を鍛えていました。〝踊れる体〟であることを最優先に考えていたためです。

ところが38〜40歳のころ、ダンサーとしてのピークに差しかかった時期、自分の顔がひどくむくみ、たるんできていることに気づきました。

体のことにばかり夢中で、顔については意識していなかったからだ……私は愕然としました。

でも、**顔だって筋肉でできているのだから、体と同じように鍛えれば変わるかもしれない。**

以前、インドで覚えた「顔のヨガ」の存在を思い出し、すぐさま顔のトレーニングを開始しました。

すると、予想どおりに老け顔は改善され、これで悩みは解決！ ……したはずでしたが、40代半ばに再び試練が訪れます。

これまでと同じように顔のトレーニングをしていても、これまでのような手応えを感じられなくなってしまったのです。

「20歳の顔は自然から与えられたもの、30歳の顔は生活が形づくるもの」とはココ・シャネルの言葉ですが、40代の今の自分の顔は——若いころは初々しさや情熱でカバーされていた欠点が、次々と表面化してきたよう……。

私の場合、加齢による衰えだけでなく、顔がなんとなくマッチョになり、よけいなシワやたるみが目立ち始めました。

加えて、このころは仕事が忙しすぎてダンスを休んでいたため、知らず知らずのうちに体も衰えていたようで、まさに八方ふさがり。

そんな苦しい時期を過ごしていたある日、タンゴパーティで転機となる発見がありました。

タンゴとは、体の軸だけを残し、ほかはリラックスして踊るダンス。

この「軸」をしっかりと意識できているダンサーほど、シニアであっても若々しく、フェイスラインがシャープだったのです。

それって、

「顔だけ」「体だけ」、どちらかに偏って鍛えてもダメ

ということ?

「軸」を意識し、顔と体をつなげて動かしてこそ、最大限にその効果を高められるのではないか——実際にタンゴは踊らなくても、タンゴで得た体の動きに顔を乗せるイメージで、顔をケアしてみよう！

そう気づき実践したところ、すぐに効果が表れました。

フェイスラインはすっきりと、目はぱっちりと大きく、頬の高さも上がり、明らかに見た目が若返ったのです。

がんばりすぎて〝ムダづかいしていた顔〟がミニマムに動かせるようになった感覚が芽生え、左右バランスも整いました。

さらに、顔の動きが以前よりスムーズになってきたことにも驚きました。

今考えると、体のバランス感覚が衰えていたところに、顔ばかりを鍛えていたことが力みの原因となり、顔を硬化させていたのです。

この理論を確信した私は、自身の顔の悩みを克服してきたメソッドをまとめ、２０２０年に**「コアフェイストレーニング」**として確立しました。

全身をリラックスさせ、中心軸（＝コアフェイス）のポジションを整え、軸に沿って顔を動かす。

このコアフェイストレーニングはすぐさま脚光を浴び、美容・健康を扱うメディアを中心に取り上げられました。

もちろん非常にありがたいことですが、今現在、私が美容やアンチエイジング以上に効果を感じているのは、内面の変化という部分。

顔の変化をきっかけとした、その副産物の大きさに驚きを隠せません。

コアフェイスに沿って顔を動かすうち、その適切な動かし方が明確にわかってきます。

使うべき筋肉はどれか、その使い方、逆に使わない（抜くべき）筋肉はどれか――力の抜き方まで理解して日々、顔を動かしていると、たとえ緊張するシーンでもＴＰＯ顔をつくれるようになります。

するとコミュニケーションや仕事が円滑に進み、それが自信へとつながります。

私自身、**顔を動かすことで気持ちを上手に切り替えたり、体調を整えたりすることが自然とできるようになり、心にも余裕が生まれました。**

そのうち**周囲との関わり方も変わり、人間関係のトラブルは激減。**

数十年の人生で悩んでいた性格やコミュニケーションの問題が、大きく改善されたのです。

あなたの理想をあきらめないで

〝元・コミュ障〟の代表選手である私だからこそ、今、コミュニケーションに困っている方へお伝えしたいことがあります。

ひとつは、

「性格のせいにしてあきらめないでほしい」

ということ。

何十年もの間、私がコミュニケーション下手なのは、自分の内気な性格やメンタルの弱さのせいだと思ってきました。

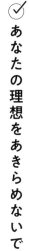

人より能力が劣っている、だからどうしようもないのだと。
けれど、そうではありませんでした。

ただ顔が運動不足だっただけ。動かし方がわかっていなかっただけ。

顔の使い方さえ変えれば、解消できるほどのことだったのです。

「生まれつきこの性格だから」「メンタルが弱いから仕方ない」……自分を責めたり、あきらめたりするのはつらいですよね。

どうか、まずは「顔を動かす」ことを試してみてください。

性格の問題ではないのです。単にハウツーを知って実践できるかどうかなのです。

できるかどうか、不安ですか？

私からお伝えしたいふたつめは、これです。

「あなたなりの理想に向かって、必ず変われます」

コアフェイストレーニングは、選ばれた人のための特殊なメソッドではありません。誰もが今すぐにトライできる内容です。

現時点での性格や顔立ちは関係ありません。

あれほどコミュニケーションに自信のなかった私がここまで変われたのですから、きっとあなただって変われますよ。

運動神経と同じようにコミュ力もアップする

人見知りの壁を打ち破ろう

コミュニケーションが苦手な方は、人間関係で過度に思い込みやすい（P71参照）と指摘しました。

初対面で思うように人間関係を築けない「人見知り」にも、このことが深く関係しています。

初めて会う人とは、本来であればフラットな関係であるはずですが、**人見知りの人は、自分と相手との間に勝手に壁をつくってしまう**のです。

どうしてでしょうか？

人見知りを自覚する人たちに聞くと「自分から関係を深められるような自信がないから」「的外れなことを言って嫌われたくないから」といった答えが返ってきます。

それでもなんとか気持ちを奮い立たせて話しかけようとすると、緊張から顔がこわばり、行動に移すまでには至れなかったり、おどおどした態度になることで相手の反感を買ってしまったりと、望ましくない結果につながってしまうことも……。

それらの苦い経験がトラウマになっている人は、少なくありません。

結果として**自分に自信をもてず、さらに緊張してコミュニケーションへのハードルを高くしてしまう**、悪循環に陥ってしまうのです。

「これ以上、失敗して傷つくのが怖い」という、自分を守りたい気持ちの表れが、コミュニケーションの壁を高くしてしまうのかもしれません。

ただ、あなたがスタート地点からバリバリに高い壁をこしらえてしまうと、相手はどうしようもなくなってしまいます。

初対面でこの壁を突き破る苦労をしてまで親しくなろう、好印象をもとうと働きかけてくれる人は、かなりの少数派ではないでしょうか。

でしたら、**まずは自分がコアフェイストレーニングで顔を動かし、緊張するクセを取り除いて、自信を取り戻す**ことを強くおすすめします。

これまでお話ししてきたように、顔の使い方を知って動かすことで、使うべき筋肉が明確になります。

すると迷いがなくなり、ムダな緊張を防げます。

そうして、これまで最初の第一歩を踏み出せないほど苦手だったコミュニケーションが、自分の狙いどおりにできるようになります。

ひとつ注意してほしいのですが、もしトレーニングの過程でまだ緊張が続いていたり自己肯定感が低いままだったりしたとしても、気にしないでください。

自分に自信がなくとも、顔を適切に使うことができていれば、ちゃんと結果は伴います。

緊張していようが「私は顔を動かせるんだ」という確信があることで、いずれ自分の思いを顔にのせていろいろと伝えたくなるものです。

まずはとにかく、動かしてみる。

それを続けた先に、自己肯定感や自信がついてきます。

最初から「自己肯定感を上げて性格を変えるんだ」「自信を身につけて人見知りを克服するんだ」などと意気込むと、心理的な負担になってしまう可能性もあります。
まずはフラットな気持ちで、顔の動かし方を知ることに専念してください。

言うべきときに臆せず言える力を身につける

人付き合いにおいては、その場の空気に流されることなく、**必要なときに「しっかりと自分の意見を言える」姿勢が大切**です。

と、言うのは簡単ですが、実際にやるとなると難しいですよね。

とある大規模なパーティでのこと。

参加者は会場のあちこちでそれぞれに談笑していて、スピーチに登壇する人がいても、なかなか静まろうとはしませんでした。

そこへ会場の一画から、ひとりの女性が発した「お静かに！」という声が響きわたったのです。

会場は一瞬にして静まり、参加者たちはあらためて壇上に注目しました。

広大な会場で、さまざまな人たちが寄り集まった席で、一瞬にして場の空気を変えるひと言を発することができる――私はつくづく感嘆しました。

私を含め、話し声が気になっていた人はたくさんいただろうと思うのです。

でも、ホームグラウンドでもないところで、大勢の初対面の人たちのなかで声を上げるのは、とても勇気がいること。

普通は「私がこんなこと言っていいのかな」などと迷いが生じたり、とっさに声が出るか心配になったり、といった逡巡《しゅんじゅん》があるはずです。

そんななか、機を逃さず、もっとも効果的なひと言をピシャリと言ってのける。

コミュニケーションが上手な人は、とっさの場面で最適な言動を瞬時に選択できるのです。

これは、**いついかなるときもブレない自分軸をもっていればこそ**。

まさに「コアフェイス」として、私がトレーニングするうえで大事にしているコアの部分です。

その女性の胆力がズバ抜けているといった性格的な側面はあるにしても、私たちだってトレーニングでコアフェイスを整えれば、同じようにふるまうことはできるのです。

場に合わせて必要な言動をとれるようになれば「あの人は言うべきときにちゃんと言える人だ」という評価を得られ、信頼感を抱いてもらえます。

ほかの人が黙ってしまう場面でしっかり主張できることで、さまざまなチャンスを手にしたり、新たな人脈を広げたりすることもできるでしょう。

特にP58の「B. ただのいい人」に該当する人は、こうした状況に左右されない力を身につけることで「いつもニコニコしている〝だけ〟」という状態から脱却できますよ。

より効果的に顔を動かすために

「姿勢」が「顔」をつくる

先にお話ししたとおり「顔だけ」「体だけ」鍛えても、それぞれ思いどおりの結果が出なかったことが、コアフェイストレーニング誕生のきっかけになりました。

顔と体はつながって全身を形づくっています。

ですから**「顔を動かそう」と思ったら、顔だけで考えるのでは足りません。**

猫背のまま顔を動かしても、かえって顔の左右バランスが崩れたり、動きに偏りが出たりしてしまいます。

「姿勢も整える」ことで、真の効果が望めるのです。

私がアルゼンチンタンゴに没頭していたころは、毎日のようにスポーツジムに通っていました。

しかし、筋トレに夢中で顔のケアがおろそかになったばかりに、体は引き締まっても顔が老けてしまったことは、お話ししたとおり。

ちまたにはダイエット情報、特に筋トレなど体を鍛える情報があふれていますから、まず体に意識が向くのは自然なことです。

ただ、**体〝だけ〟を鍛えたりダイエットしたりすると、今度は顔がたるんだり、やつれたりしてきます**。

そして、**体を鍛えただけでは、コミュニケーションの悩みなど内面の問題は解決できません**。

ですから、何度でもくり返しますね。

「顔」と「体」はワンセットで考えましょう。

そして、体の「軸」を通して、顔と体をつなげることを意識しましょう。

ここでいう「顔と体をつなげる」とは？

想像してみてください。

たとえば、アイスショーに立つスタープレイヤーが、観客に向かって挨拶する姿を。両手を広げてにっこり微笑み「応援ありがとう！」と全身で感謝と喜びを表現するところを。

このとき、プレイヤーはしっかりとスケートリンクを踏み、意識を外に張り巡らせていることでしょう。

そこに満面の笑みが加わったイメージ、これが理想の状態です。

もしもこのとき、プレイヤーがだらんとした猫背で手だけ振ってみせたとしたら、観客に感謝の思いがストレートに伝わるでしょうか?

顔も体もすべてがつながってこそ、最高の表現力が生まれるのです。

少々難しい話に聞こえたかもしれませんが、実際のところコアフェイストレーニングは、全身の筋トレのような激しい運動ではありません。

むしろ「意識」が重要となるトレーニング。

老若男女問わず実践できますし、心身ともに変わる効果を誰でも実感できます。

どうぞ「顔と体はワンセット、両方を同じように整えることで理想の自分に近づける」と信じて、トレーニングを行ってくださいね。

「緊張」と「ゆるみ」は両方必要

もしあなたが「一生懸命がんばります」「精いっぱい力を尽くします」といった言葉を日常的に使っているとしたら、注意が必要かもしれません。

〝フルパワー〟であることをよしとする人は、心も体も力みすぎ――つまり**「緊張」した状態がつねに続いている傾向にあります**。

私が開くレッスンでも、まじめな性格の方ほど一生懸命に顔を動かそうとします。

けれど皮肉なことに、フルパワーを心がければ結果がついてくるかというと、そうでもないのです。

むしろ、よけいな力が入ることで、結果的に目指すところからかけ離れてしまうことも。

コアフェイストレーニングは、これまで使っていなかった、しかし本来は使うべき筋肉を使えるように働きかけるメソッドですが、同時に、**これまで無意識に使っていた筋肉の間違ったクセをとり「うまく力を抜く」ことも必要**になってくるのです。

「緊張させる」だけでなく「上手に力を抜く」。

私自身、その大切さがわかってきたのは、ここ数年のこと。

かつては私も顔のトレーニングで100％の力を出しきり、つねに精いっぱいの努力を心がけていました。

今思えば、そのころは表情筋がかたく、動きの悪い〝マッチョ顔〟だったはず。

せっかくの笑顔も、作り笑いに見えてしまうような不自然さがありました。

当時は性格も「頑固」だと指摘されていましたから、心も顔と同じように、かたくなになっていたのでしょう。

それが、タンゴの「軸を整えたらほかの力は抜く」という踊り方をヒントに〝抜く〟ことに注目したら、よりトレーニングが進化して、顔を柔軟に動かせるようになりました。

「ここは動かすべき」「ここは力を抜いて」といったパーツごとの役割を、はっきりと認識できるようになったからです。

筋肉の力の抜きどころを理解できた結果、思考にも影響がありました。

以前の私は物事にとらわれ、ずっと考え込んでしまうところがありました。

しかし、不要なこと、ムダなことが見えてきて「ここは流していい」「ここはきちんと受け止めるべき」という区別がつくようになったのです。

結局のところ、顔と体、頭や心までもがつながっているのですね。

迷いが消え、考え方に柔軟性が出てきました。

過去を引きずることなく「今回はこうだった」「じゃあ次はこうしよう」と、冷静に分析したらさっと気持ちを切り替え、未来に目を向けられるようになったのです。

これは人間関係においても同じことです。

相手の言動をいい意味で〝ゆるく〟とらえ、接することができるようになったので、**勘ぐりや取り越し苦労、気疲れが減りました**。

まだ「いつだって自信満々！」とまではいきませんが、自分の軸が定まることで、かなり楽に生きられるようになってきました。

より理想の自分に近づけたと感じています。

「点」ではなく「線」でとらえる

表情をつくるとき、私たちは「点」で考えがちです。

ＴＰＯ顔を意識してトレーニングを始めても、最初のうちは、ほとんどの人がその瞬間だけの「点（ポーズ）」でしかイメージできません。

いわゆる写真などの静止画、断片的なヴィジュアルですね。

Ｐ82でお話しした、鏡に向かうときの〝キメ顔〟もそう。

もちろん、最初はたった数秒のピンポイントなトレーニングからでいいのですが、**意識としては、いずれ「線（動き）」としてつなげていくヴィジョンをもってください**。

にっこり静止した写真から、にこやかな印象の映像に変わるイメージです。

あなたが人と相対するとき、相手は瞬間的な静止画ではなく、動くあなたを見るのですから。

実際にトレーニングを行うと、点でとらえるのと線でつなげるのとでは、効果が大きく違ってきます。

具体的に言いますね。

顔の動きが「線」になると、表情にやわらかさや繊細さが出てくるのです。

いわゆる筋トレのような意識で瞬間的に顔を動かすだけでは、たとえば笑顔をつくったとしても、とてもかたい表情になりがちです。

初回レッスンでは、たいていの生徒さんが「笑顔ってこんなに気合いを入れてつくるものなんですね！」と驚かれます。

そのくらい、顔を適切に動かして「笑う」行為は、最初のうちは難しいことなのです。

今まで動かしてこなかった、かたい筋肉を動かすのだから当然です。

そしてトレーニングが進むと、まずは「口角が上がった!」と目に見える変化に喜びを感じられる——この時点では、まだ瞬間的に顔を動かせたかどうかに意識が向いています。

そこへさらにトレーニングを続けていくと、筋肉がどう連動しているのかがわかってきて、柔軟性も上がります。

するとそれまで〝ただの笑顔〟だった状態に、もっと細やかなニュアンスが加わるのです。

これが、**表情に強弱がある、表情が深くやわらかくなる**、ということです。

笑顔=ただにっこり、というワンパターンでは、場合によっては「いつも張りついたような笑顔で怖い」といったマイナスの印象を抱かれかねません。

表情の強弱って、意外と相手に伝わってしまうものなのです。

だからこそ、**繊細なニュアンスまでコントロールできるようになると、顔の表現力は一気にアップします**。

バレエダンサーで例えれば、手足をバラバラに振っていたところから、振付を覚えて、一連の流れとしてスムーズに動かせるようになるイメージ。

「点」と「点」でとらえていた動きの「間」をよりやわらかく、スムーズにつなげられるようになり、主題を表現できるようになり、曲が完成します。

さらに練習を重ねることで、最終的には音楽を聞いただけで、振付を思い出そうとしなくても勝手に体が動くまでになります。

表情も同じ。**瞬間ではなく流れで動かせるようになることで、より人間らしさ、人間力が増していく**のです。

最終的には、動かそうと考えてすらいない無意識の状態での表情までもがキマっている、そんなレベルに到達します。

そこを目指し、トレーニングで「点と点をつなぐ意識」をつくります。

最初は点でとらえるのが精いっぱいでも、続けていくことで、やがて線のようにつなげられるようになり、理想に近づいていきます。

コアフェイストレーニングを試した方は「その場で顔が変わる！」と驚かれますが、じつは**継続することで真の効果が発揮される**のです。

「点」から「線」へ、時間をかけて意識づけしていけば、さらにもうワンランク上のコミュニケーションをとれるようになりますよ。

顔を動かす＝自己プロデュースのステージへ

コミュニケーション上手が良縁をつかみ取る

コミュニケーション能力がアップすると、人間関係も変わります。

あなたがもし「グループにいても、なんとなくひとりになりがち」「なかなか人間関係を広げられない」といった対人関係の悩みを抱えていたとしても、大きく変えられる可能性があります。

トレーニングを続けるうち「同じ趣味に打ち込める、気の合う仲間ができた」といった話を聞くことは、まったく珍しくありません。

なぜでしょうか？

これは特別なおまじないや魔法なんかではなく、心理学的にみれば、ごく自然な流れなのです。

「類似性の法則」をご存じでしょうか?

自分と共通の要素をもつ人間に親近感を抱く、心理作用のことです。

学生時代を思い出してみてください。

クラスの仲よしグループは、運動部所属のスポーツ好き、華やかなファッションやメイク好き、漫画やアニメやゲーム好き、といった属性で、それぞれ分かれていませんでしたか?

自分に近い考えや価値観をもつ相手のことは理解しやすく、安心感も抱きやすいので、自然と距離が近くなります。

信頼関係も築きやすいでしょう。

「類は友を呼ぶ」ということわざは、心理学的にはもっともなのです。

では、あなたが理想の人間関係に恵まれるには、どうしたらいいのでしょうか。その方法は、とてもシンプル。

まず、**理想の未来や、そこにいる自分の顔をイメージしてみてください**。

理想を明確にしたら、**それをなぞるつもりで表情をつくってみる**のです。

「信頼できる仲間に囲まれ、仕事や趣味に充実した日々を送っている」「凛々しく印象的な目で、左右バランスよく上がった口角の笑顔。頬によけいな肉やたるみはなく、すっきりしている」といったふうに。

イメージできましたか?

もし、理想の姿がイメージできない……と困った方は「この人のようになりたい」というロールモデルを探してみてください。

いいなと感じるモデルは、あなたの感性に訴えかけてくる要素をもっているはずです。

どんな人を理想と感じるか、そこから自分らしさが見えてきます。

イメージするときに注意してほしいのは**「今の私は全然そんなふうじゃないから」などと恥ずかしがったり、遠慮したりしない**ということ。

何度もお伝えしていますが、現時点での自分を根拠に、未来を否定しないでいただきたいのです。

そのうえで、理想の表情を目指してトレーニングしてみてください。

すると、たとえまだあなたの中身が変わっていなくても、あなたの表情を見て集まる人たちがまさに「類は友を呼ぶ」がごとく、理想に近い人ばかりになってくることでしょう。

その人たちの雰囲気や表情を見ることで、今度はあなた自身の内面までもが理想に近づいていきます。

断言します。

理想をイメージし、顔の動きを変えていくことは、理想の未来にたどり着くためのいちばんの近道。

まずは理想の顔を先につくることで、理想の人間関係が広がっていく。それに伴い、今度は自分の中身もついてくるのです。

よく「他人は変えられないから、自分を変えるしかない」と聞きますよね。

これはこれで正しいのですが、一方で私はその先に**「けれど自分が変われ**

ば、他人も変わる」と付け加えたいのです。

もし、コミュニケーションを通して理想の自分を表現することができれば、そんなあなたに似たタイプの人が引き寄せられることでしょう。

あなたしだいで、周囲の人間関係そのものを変えることができるのです。

もし今「どうして私の人間関係はパッとしないんだろう」「なかなか思うように友達ができない」などと悩んでいるなら、厳しく聞こえるかもしれませんが、**あなた自身がそういうふうな人間だと、表情や態度で周囲に知らせてしまっている**可能性があるのではないでしょうか。

「周囲の人間は、自分を映す鏡」という言葉は真理です。

ですから、まずは自分が理想の顔をつくる努力をしながら、コミュニケーションの質を上げていくこと。

すると、周囲の人間関係の変化というかたちで、結果がついてきますよ。

顔を動かせば、もっと自分を好きになる！

この本では**「顔を動かすと自分に自信がもてる」**とお話ししています。

なぜ顔を動かすことが自信につながるのか、まだ疑問に思う方もいるかもしれませんね。

もう少し掘り下げてご説明しましょう。

顔には左右合わせて50もの筋肉（表情筋）があります。

たとえば、あなたは「頬を持ち上げる筋肉はどれ？」と聞かれて「大頬骨筋！」と答えられますか？

普通はそんなこと、意識しないですよね（笑）

けれど、今どの筋肉をどのように使うべきかを理解し、コントロールできるようになると、モヤモヤとした迷いが消えます。

面接やスピーチなど緊張する場面でも「今、大頬骨筋がこわばっているから笑顔をつくりにくいんだな」と、冷静に状況を判断できます。

そして「じゃあ、大頬骨筋を意識して口角をより上げよう」と、適切な解を導き出せるのです。

重要なポイントは、

そこに感情は介在しない

ということ。

「大事な場面で顔がこわばるなんて、私の心はなんて弱いんだろう」などと、**ムダに性格を責めずにすみます。**

「性格が弱いからどうしようもない」などという、思考停止に陥ることもありません。というか、そういう発想自体、しなくなります。

「ただの筋肉の動かし方の問題」だと、ありのままに受け止められるようになるのです。

つまり「自分を責めるクセ」をなくせます。悩みグセを解消できます。

この**「クセ」を外すことこそ、コアフェイストレーニング**なのです。

表情筋の正しくないクセ、自分をネガティブに責める思考のクセ。

表情もメンタルも「クセ」によって形づくられています。

だからこそ、**トレーニングによって生まれもった望ましくないクセを外し、新たに望ましいクセをつけていくことで、人は大きく変われる**のです。

今の私はというと「今日の講演では右の口角ばかり上がっていたな」といった具合に日々の細かい変化に気づくので、あとは「左の口角挙筋も意識してトレーニングしよう」と結論できるまでになりました。

「なぜ今、こういう表情をしているのか」が手に取るようにわかれば「だったらこうすればいい」という解決策もわかり、あとはそれを実行するだけ。

そこに性格やメンタルの強弱なんて関係ないことが実感できるでしょう。


自分をムダに責めなくなると、自信が生まれます。


そして「なんだ、トレーニングしたら私も思いどおりに顔を動かせるんだ！」という驚きと自信のあとに「私もここまでできるんだ！」と、自分を認めて好きになる気持ちがわいてきます。

そうして、性格まで前向きになれるのです。

ひとつ誤解しないでほしいのは、マイナスの感情を抱いてはダメ、という意味ではないということ。

とっさにネガティブな感情にとらわれることは、人間誰しもあります。

コアフェイストレーニングの真髄は、そうなったとしても**すぐに内面をゼロにリセットできる、自分をニュートラルな位置へ戻せる**、という点にあるのです。

✓「なりたい自分」になれる未来

顔を動かすことで、コミュニケーションの悩みを解消できる。

巻頭で掲げた内容の意味を、この本をここまで読んでくださった方には、じゅうぶんに理解していただけたことと思います。

コアフェイストレーニングを通して、コミュニケーションを上手にスムーズにとれるようになることは、まずひとつの着地点といえるでしょう。

そうしたら次は「その先」にも目を向けてみてください。

トレーニングで表情筋をいろいろな方向に動かすうち、筋肉だけでなく、思考までもが刺激を受けます。

自分を客観的に見られるようになるのです。

たとえば「私はふだん、ずっとニコニコしているつもりだけど、内心ではそうとう無理しているんだな」といった自分の状況を、冷静に俯瞰できるようになります。

「笑顔でいなきゃ、という意識が負担になっているんだ」といったこともわかってきます。

P157でお話ししたように、トレーニングによって内面をゼロにリセットできるようになりますから、そこで素の自分に立ち戻ることができます。

つまり、

本当の自分を大事にできるのです。

まじめな人やがんばっている人は、つい自分のケアをあとまわしにしがち。するとと、自分自身のことがわからなくなり、いつか燃え尽きてしまいかねません。

まずは〝自分をしっかりもったうえでこそ〟のＴＰＯ顔です。そのことを忘れなければ、最初のうちは内面と表情が一致していなくても、いずれつながるようになります。

さらに一歩進んで、自分が「こうありたい」というイメージを表現できるようにもなります。

ＴＰＯに即した表情をつくるだけでなく、そこに自分の個性や思いをのせられるのです。

ここまでいくと「セルフプロデュースが上手」「セルフブランディングに長けている」というレベルになります。

メディアで見かけない日はないほど活躍中の某女性タレントは、セルフプロデュースにたいへん長けた方だと感じます。

以前、テレビ番組で表情のレッスンをした際、基本となる「上の歯を8本見せて笑う」ことから始めたところ、彼女は「歯が12本見えるわ！」と笑っておられました。

テレビのバラエティ番組にコメンテーターとして出演するとき、通販番組に紹介者として登場するとき、どんなシーンでも、彼女には「なるほどな」と思わせる説得力があります。

その時々でもっとも場を輝かせる表情やしぐさを身につけているのです。私たち視聴者も彼女の名前を聞いたら、パッとその顔や雰囲気をイメージできます。

要は**「自分が社会にどんなイメージで受け止められたいか」を明確にし、**

そこへ向かってセルフマネジメントするということ。

そのために、顔を自在に動かせることは重要な武器なのです。


自分で自分をプロデュースできる。


これは人間関係を築くうえで大きな武器になります。

それだけでなく、**自分に自信を取り戻し、人生を主体的に生きることにもつながります。**

コアフェイストレーニングは、コミュニケーションを大きく改善するメソッドですが、けっしてそれだけではありません。

あなただけの理想に向かって近づくための、力強い味方となってくれるはずです。

このあとの第3章で、具体的なトレーニング方法をご紹介、詳しくご説明していきます。

ぜひ、今日からできるところを取り入れて、理想のあなたへ近づく第一歩としてください。

第３章

コミュニケーション力をアップさせる８つのコアフェイストレーニング

9割の人が知らない、顔を動かす基礎知識

顔の上半分を動かすことを意識しよう

これまでにも触れたように、人間の顔は約50の表情筋で構成されています。私たちは体を動かすとき、肩やひじ、股関節など必要な関節を動かして筋肉を伸び縮みさせますが、顔の関節は、あごにある「顎関節」の1カ所のみ。日本語が口もとだけで発音できる言語であることもあいまって、どうしても**力を入れやすいあご周辺の筋肉を使いがちになり、逆に、顔の上半分の筋肉は放置しがちになります。**

あごを使って顔の筋肉を横や下方向に引くので、頬や口角は下がり、加齢

によっても顔の下半分が伸び……こうして、顔の下半分ががっちりした、三角形に広がった顔になっていってしまうのですね。

コアフェイストレーニングでは、ざっくり言って**「上向きに走る筋肉群」をしっかり使えるようにトレーニングしていきます**。

逆に、**これまで無意識に使いがちだった「横や下向きに走る筋肉群」はできるだけ使わないよう、うまく力を抜けるように練習します**。

具体的には**頬や目のまわりの筋肉、つまり、顔の上半分をもっとしっかり使う**ということ。

トレーニングを通して表情筋をコントロールできるようになれば、顔の表現力を高められますし、それこそ、コミュニケーションにおいて絶大な力を発揮する「ＴＰＯ顔」をつくれるようになるのです。

使っている筋肉と表情の関係図

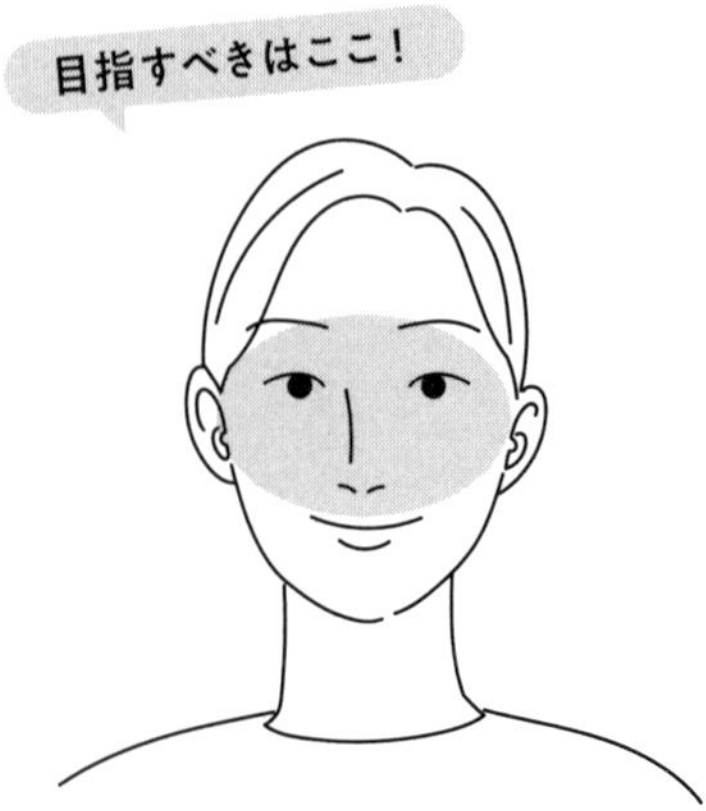

頬や目まわりの筋肉を
使えている

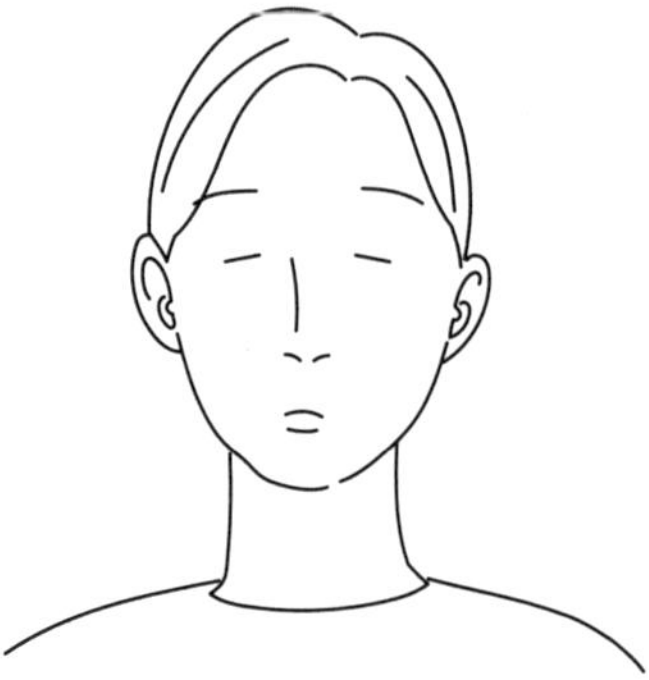

顔の筋肉を使えていない

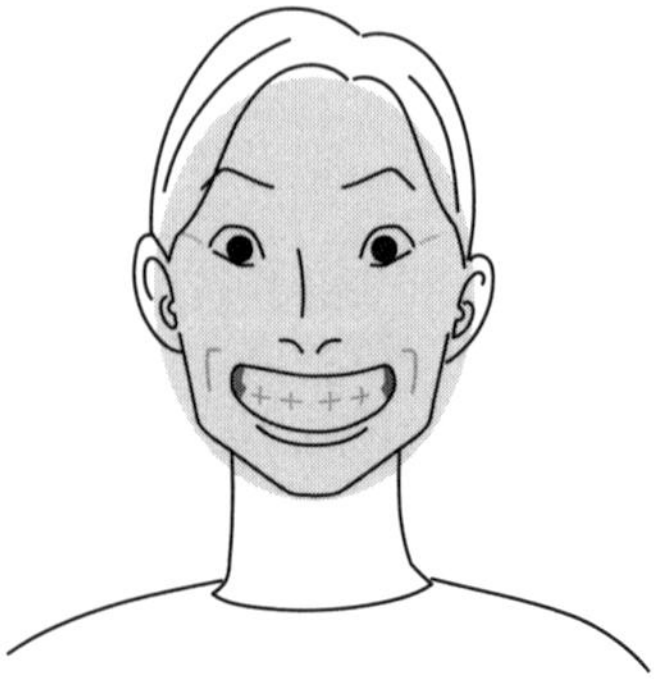

顔全体の筋肉に
力みが入っている

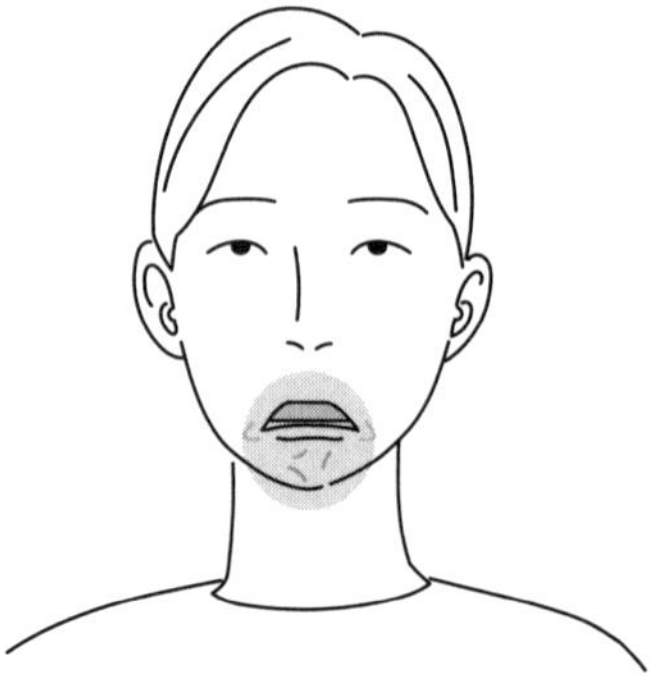

口まわりの筋肉だけを
使っている

意識したいのは「大頬骨筋」と「口角挙筋」

Ｐ１７１の、正面から見た顔の筋肉図をご覧ください。「眼輪筋」と「口輪筋」はそれぞれ、両目と口をドーナツ状に取り囲んでおり、この３つは生命活動を送るうえで頻繁に使われます。

さまざまな筋肉があるなかで、**積極的に使いたい筋肉はまず、顔を上方向へ引き上げる力をもつ「大頬骨筋」と「口角挙筋」**。

また、**目の閉じ開きをコントロールする「上眼瞼挙筋」と「眼輪筋」、口の締まりをよくする「口輪筋」。滑舌をよくする「舌筋」**もコミュニケーション力アップのためには欠かせない、しっかりと動かしたい筋肉です。

これらを適切に使えるようになると、表情にバリエーションが生まれます。

側頭筋

皺眉筋

※このふたつが柔軟になると、
顔全体がスムーズに動きやすくなる

口角挙筋

口角を引き上げる

大頬骨筋

口角を外側上方向へ引っぱり、
頬を持ち上げる

※このふたつをしっかり使えないと、
ダラッと抜けた顔になってしまう

正面から見た顔の筋肉図

※このふたつが目力をアップさせ、心の機微を伝えやすくする

上眼瞼挙筋

上まぶたを持ち上げ、目を開く

眼輪筋

目を細めたり、閉じたりする

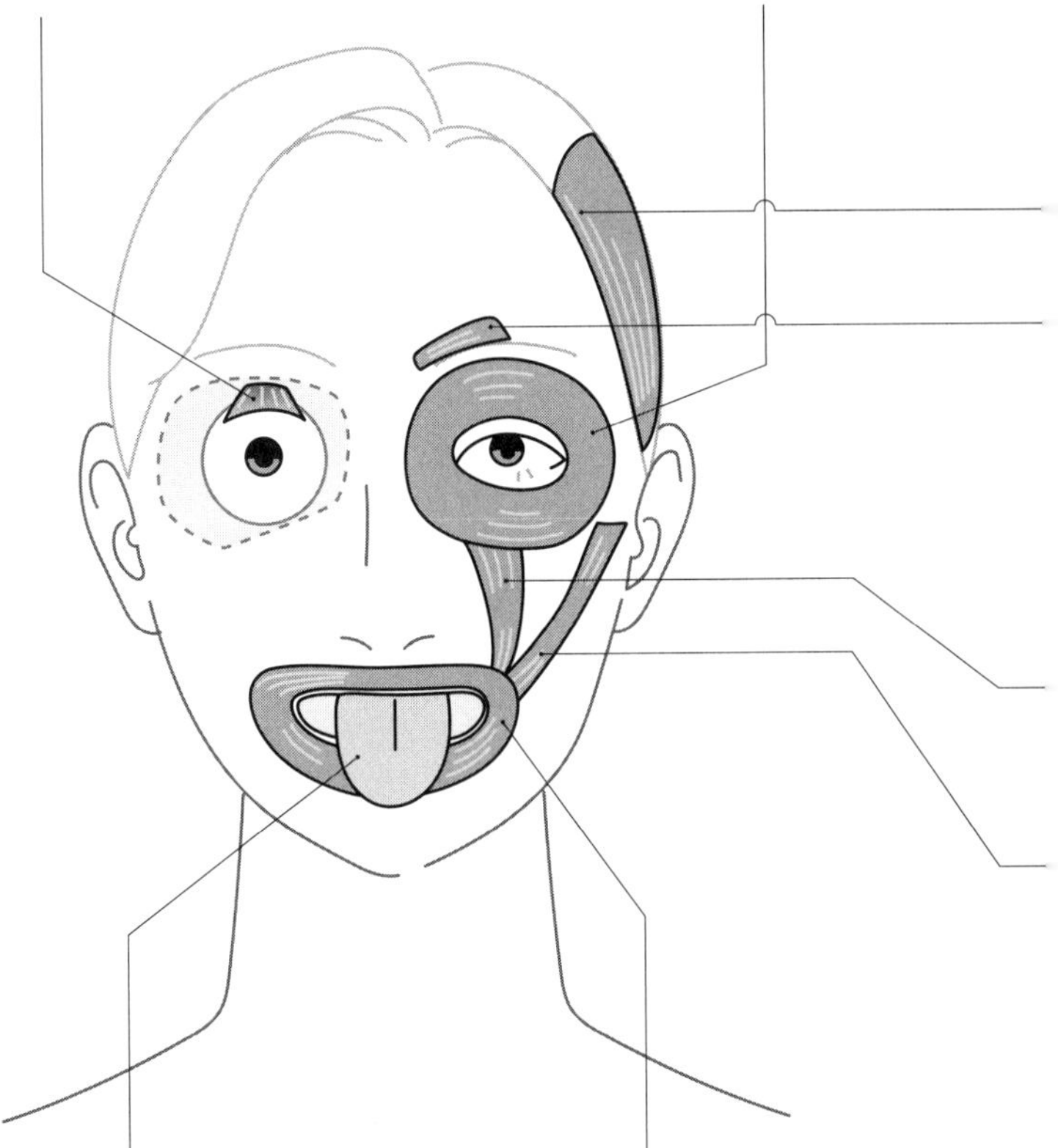

舌筋

滑舌をよくする
※表情とは直接関係ないが、
ここを鍛えると発語が明瞭になる

口輪筋

口の締まりをよくする
※ここを意識しないと、
だらしなくゆるんだ口もとになる

トレーニングを始める前にチェック！

✓顔「だけ」はNG！　姿勢から整える

適切に「顔を動かす」には、大前提として「**コアフェイスをつくる**」ことが必須です。

コアフェイス＝顔の土台となる頭蓋骨をまっすぐ胴体の上に乗せるための軸、と考えてください。

〝力みすぎ〟や〝抜けた表情〟になるのを防ぎ、顔を左右均等に動かせるようにするため、まずは姿勢を整えるのです。

猫背や出っ腹のまま顔だけを動かしても、いい効果は期待できません。

足裏から頭頂部まで、1本の軸がすっと通った状態＝**「座骨の真上に上体がまっすぐ乗っかっている」状態**をつくります。

これがつくれると、顔や体の左右バランスが改善されて均等に動かせるようになるだけでなく、肩こりや出っ腹も解消します。体の使い方のクセがリセットされるのですね。

体は心とも連動しているので、ムダな力の入っていない状態をつくることで、心を落ち着かせて上向かせる働きも期待できます。

顔の筋肉を動かすときは、真っ先に「コアフェイスがつくれているかどうか」を確認してください。

トレーニング中も「顔だけ動かしている」状態にならないよう、体の軸を意識しましょう。

顔だけでなく、全身の印象もガラッと変わりますよ。

最初に身につけたい基本姿勢

コアフェイス

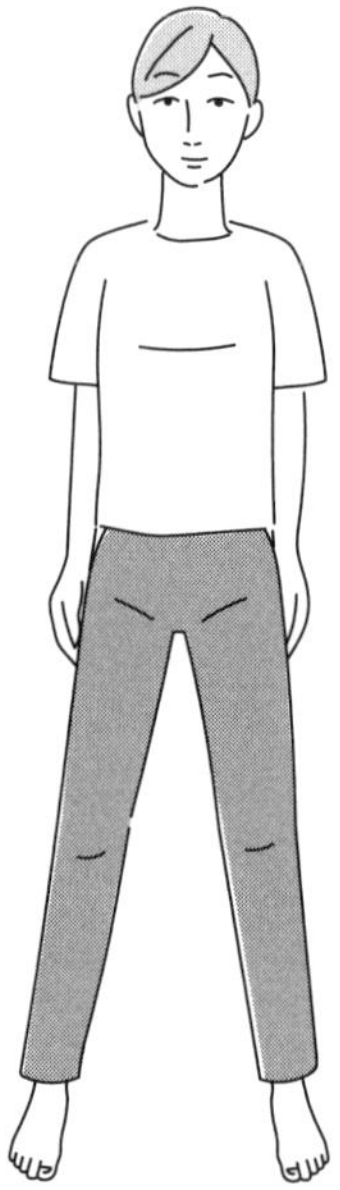

❶足裏でしっかりと地面を感じる。

↘ POINT

基本となるコアフェイスをつくります。つねに頭頂部と座骨・足裏が上下に引っぱり合う意識を忘れないようにしてくださいね。「姿勢を正そう」と力むと体にムダな緊張が入るので、リラックスして行いましょう。座骨など骨の配列が整うと、無理なく正しい姿勢が完成します。

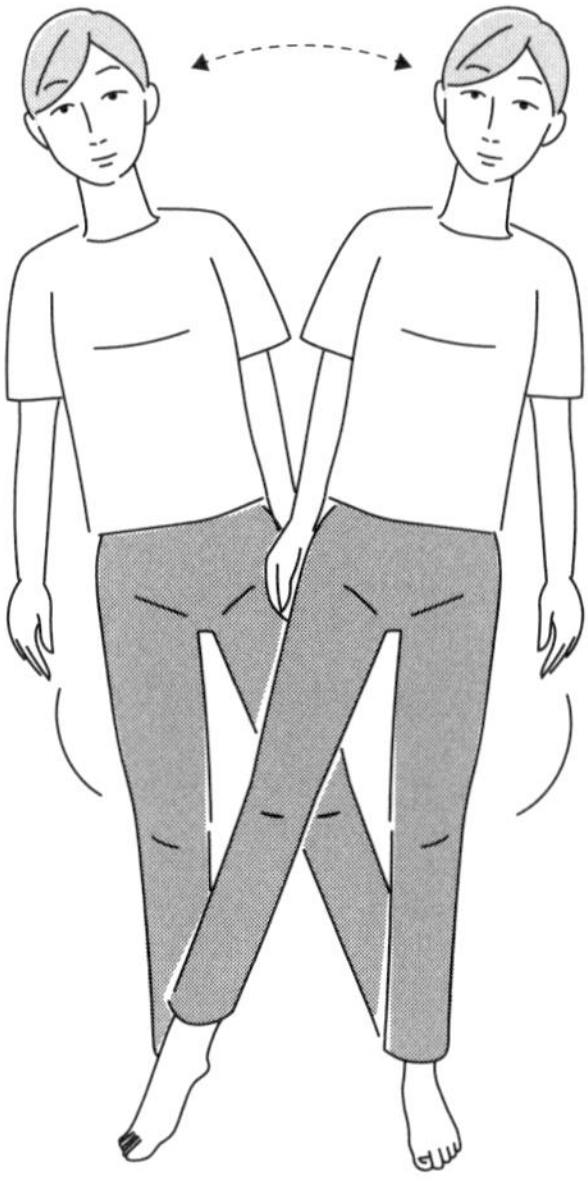

❷骨盤を立て、背骨をひとつひとつ、つみ木を積み上げるイメージで姿勢を整える。重心は左右どちらかに偏ることなく、両脚に50%ずつ体重が乗っている状態。左右交互に全体重をかけながら体を揺らしていると、しだいにこの中心軸が見つかる。

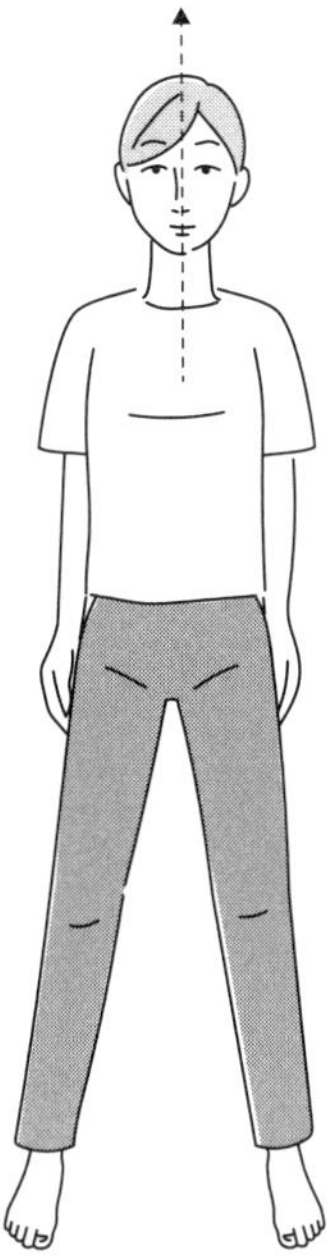

❸頭頂部を真上から1本の糸でつられているイメージで引き上げ、首のうしろを伸ばす。

☑ Check

・❷のとき、骨盤が前傾または後傾しないよう注意。
・額とあごは床に対して垂直になるよう意識する。
・肩を下げ(胸を張りすぎない)、よけいな力を抜く。

まずは自分の顔と向き合おう

それでは、さっそくトレーニングを始めましょう。

トレーニングは次のような流れで進めてくださいね。

Process1

自分の顔をじっくり観察する

まずは鏡に向かい、自分の顔をすみずみまで観察してみてください。

いかがですか?

「右側の口角が特に下がり気味」「対称だと思っていたのに左右で輪郭が違う」「マリオネットラインが目立つ」など、これまで気づかなかった〝真実の顔〟に驚いたかもしれません。

脳内で補正していたイメージよりも「5歳は老けて見える」なんてネガティブな印象を受けても、落ち込まないでくださいね。

今は〝現時点での顔〟をしっかり認識できれば大丈夫。

ここからどんどん変わっていきますよ！

このとき「ここをこういうふうに変えたい」「この人のような表情をつくりたい」といったお手本をイメージし、真似するつもりでトレーニングすると、より効果的です。

Process2

ゆっくり、ていねいに顔を動かす

いよいよトレーニング開始です。

コアフェイスを整え（P174参照）、P182からの8つのトレーニングを行いましょう。

まずは顔をていねいに動かすことに集中し、継続して鍛えていきます。

Process3

理想の表情をイメージする

トレーニングを続けて表情筋を動かし慣れてきたら、理想の表情をイメージしつつ行うフェイズへ。

社会にどんなイメージで受け止められたいか？

そこから逆算して表情をつくる余裕が生まれてくれば、トレーニングはもう一段ステップアップしたといえます。

P158でもお話ししたように、TPO顔をつくれるだけでなく〝理想の自分〟を明確にしてセルフブランディングできるようになると、人間関係を築くうえで、さらなる武器になります。

今すぐ
＼顔を動かそう！／

悩み別トレーニングメニュー

【トレーニングするときは】

◎まずは「ていねいに30秒」を心がける

8つのトレーニングメニューはそれぞれ、鏡を見ながら30秒間、ゆっくりていねいに動かすようにしましょう。ＰＯＩＮＴで解説している表情筋を意識しつつ、目尻にシワができないよう、目はしっかりと開いたまま行います。また、左右が均等に動いているかも確認して。まずはゆっくり動かすことで、無理なく表情をキープできる持久力を高めます。

すべてのトレーニングは30秒を目安に1セットとし、心地よい疲れを感じるまで1～3セットくり返します。

◎慣れたら回数を増やし、スピードアップ!

トレーニングに慣れてきたら、徐々に**スピードを速め、30秒間できる回数を増やしていきましょう。**速く動かすトレーニングは、表情を素早く切り替えるための瞬発力を育てます。

※痛みや違和感がある場合は中止してください。

P182からのメニューは動画でも確認できます

顔の準備体操
～緊張をゆるめて顔を動かしやすくする～

こんな悩みに

- × 緊張して顔がこわばり、なかなか自分から話しかけられない。
- × 無表情に見られ「何を考えているかわからない」と警戒される。
- × 話しかけづらい人だと思われがち。
- × 会社に着いてもなお、やる気がわいてこない。

↓

こんな変化が！

- ○ 人に話しかける勇気が芽生える。
- ○ 相手にとって話しかけやすい雰囲気になる。
- ○ 気軽に物事に取り組みたいという、前向きな気持ちになる。

↘POINT

顔全体をゆるめる基本のトレーニングです。日々続けることで、実際に緊張する場面でも焦ることなく、顔も気持ちもゆるみやすくなります。どんなときも自分らしくふるまえるようになるための、大事な第一歩ですよ。

顔の準備体操

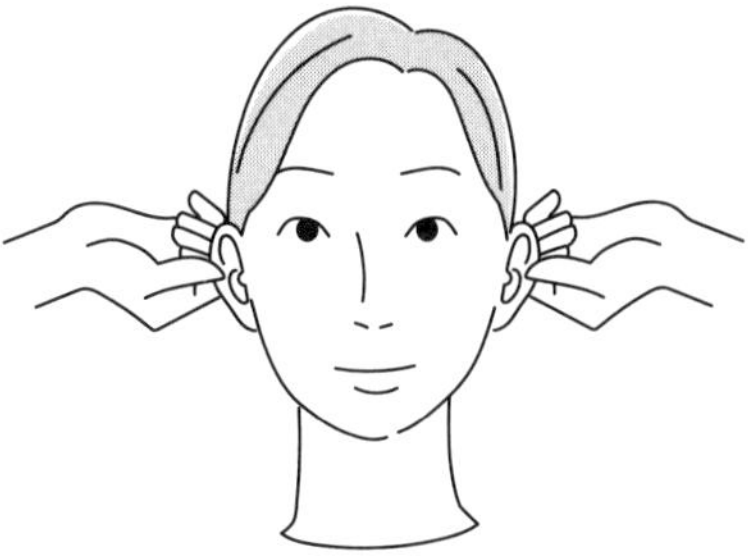

❶両耳をつかんで斜め上に引っぱり上げながら、下図の「シュー・オー・ハー・ベー」をくり返す。

※簡易的に行うときは、耳はつかまなくてもOK。

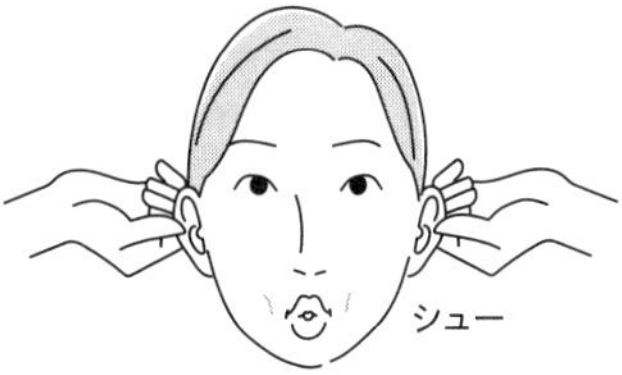

シュー
左右の口角を寄せ、唇をすぼめる

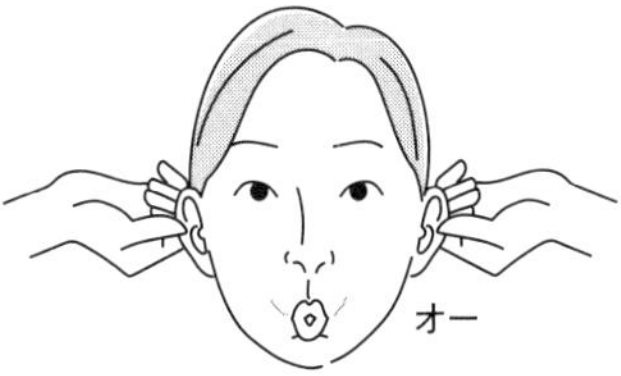

オー
鼻の両サイド（ほうれい線）をしっかりと伸ばす

ハー
目をぱっちりと開きながら頬を持ち上げ、上の歯を8本見せて笑う

ベー
鼻から息を吸い、舌を下に突き出しながら吐く。ネガティブな感情も一緒に吐き出すイメージで行おう

額眉リセット

～額の緊張を解いてネガティブ思考をひっくり返す～

こんな悩みに

- ✕ 眉間に縦ジワが刻まれている。
- ✕ 神経質そうなイメージをもたれがち。
- ✕ 不安や心配ごとなど ネガティブな感情が多い。
- ✕ 真剣に話を聞いていると「怒っているの？」と誤解される。

こんな変化が！

- ○ 眉に柔軟性が生まれ、感情の機微を表現しやすくなる。
- ○ 気持ちをリセットしやすくなり、イライラが消える。
- ○ 器が広く落ち着いた印象をもたれ、人から相談されるようになる。

↘ POINT

目を動かすとき、額を連動させるクセがついている人は多いものです。額や眉の**皺眉筋**につねに力が入っていると、額の凸凹や眉間のシワが目立つことに。額まわりを中心に、顔全体と肩の緊張までゆるめていきましょう。

額眉リセット

❶目をつぶり、鼻から息を吸い、額の生え際のラインに沿って両手の指を当てる。

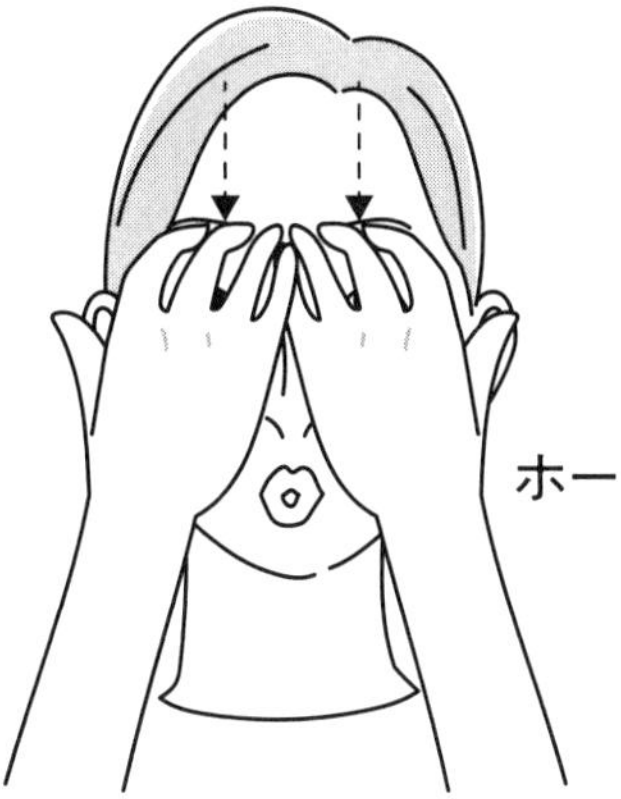

❷口から息を吐きながら、眉の上までなぞり下ろす。このとき、額・眉の力は抜き、あごを引いて首のうしろをゆるめる。

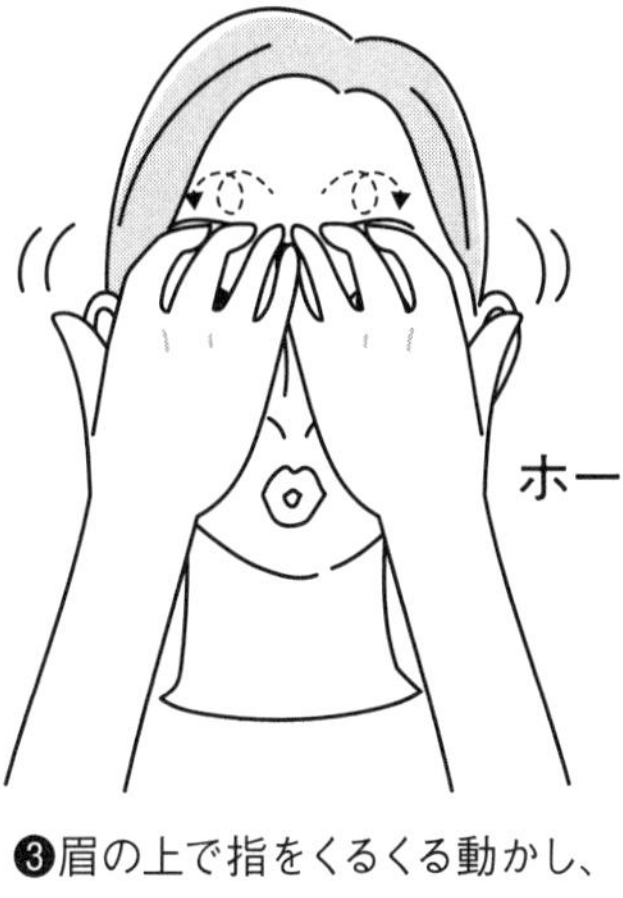

❸眉の上で指をくるくる動かし、眉まわりをリラックスさせる。

❹目を開き、指を外す。

☑ Check

・息を吐くときは、細く・長くを心がけて。顔や肩の緊張まで外す意識でゆるめていこう。
・目を開けるとき、額に力が入らないよう注意。

目力アップトレ
~目で伝える力を強化する~

こんな悩みに

- ✕ やる気がなさそうに見られがち。
- ✕ 「この人にまかせて大丈夫かな」と心配され、信頼してもらえない。
- ✕ 相手からなめられていると感じる。
- ✕ 営業成績がふるわない。

↓

こんな変化が！

- ○ 目をぱっちりと開けられるようになり、やる気や誠実さを伝えやすくなる。
- ○ TPOに合わせ、目力の強弱を調整できるようになる。
- ○ 気合いを入れるスイッチを働かせやすくなる。

POINT

目を開ける**上眼瞼挙筋**や、目を閉じる**眼輪筋**の運動不足を解消します。目のまわりの筋肉が動かしやすくなると、目をぱっちり開く・やわらかく細めるといった調整がきき、繊細な感情を伝えられるようになります。

目力アップトレ

❶両眉の上に人差し指を置き、眉が上がらないようしっかりと押さえる。目をキュッとつぶり、鼻から息を吸う。

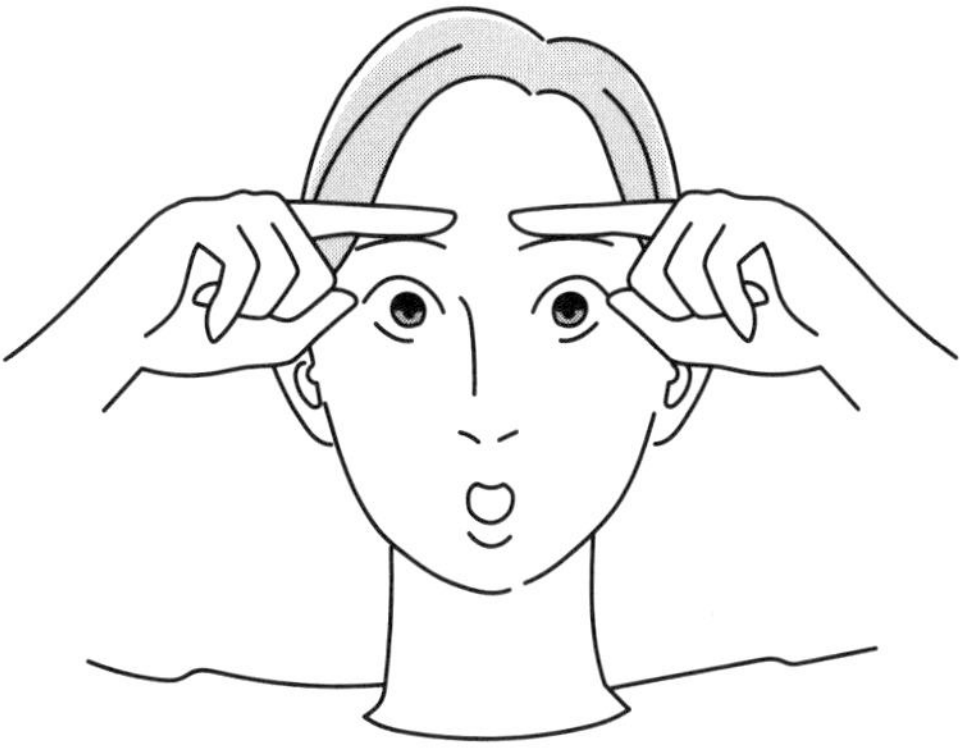

❷息を吐きながら、目をぱっちりと大きく開く。

☑ Check

・額や目のまわりに力が入ってシワが寄らないよう注意。
・❷で目を開くとき、目から息を吐くイメージで目に意識を集中させる。

頬アップトレ
~頬の動きでさまざまな表情をつくりやすくする~

こんな悩みに

- ✕ 気を抜くと無表情になりがち。
- ✕ 「何を考えているかわからない」と警戒される。
- ✕ 冷たい印象をもたれがち。
- ✕ 怒っていたり、疲れていたりするように見られる。

↓

こんな変化が！

- ○ 表情が豊かになる。
- ○ 親しみやすさからシリアスさまで、表情をコントロールできるようになる。
- ○ 「幸せそう」「イキイキしている」といった印象が生まれる。

↘POINT

口角を引き上げる**大頬骨筋**を鍛えると、頬が動かしやすく、顔が立体的になって、イキイキとした印象に変わります。特に「声をかけにくい」「話しかけづらい」という自身の印象に悩んでいる方は、意識的に頬を動かすようにしてみて。

頬アップトレ

❶上の歯を8本見せてにっこり笑い、親指と人差し指で頬を持ち上げる。あごの力は抜き、口の形を逆三角形にする。

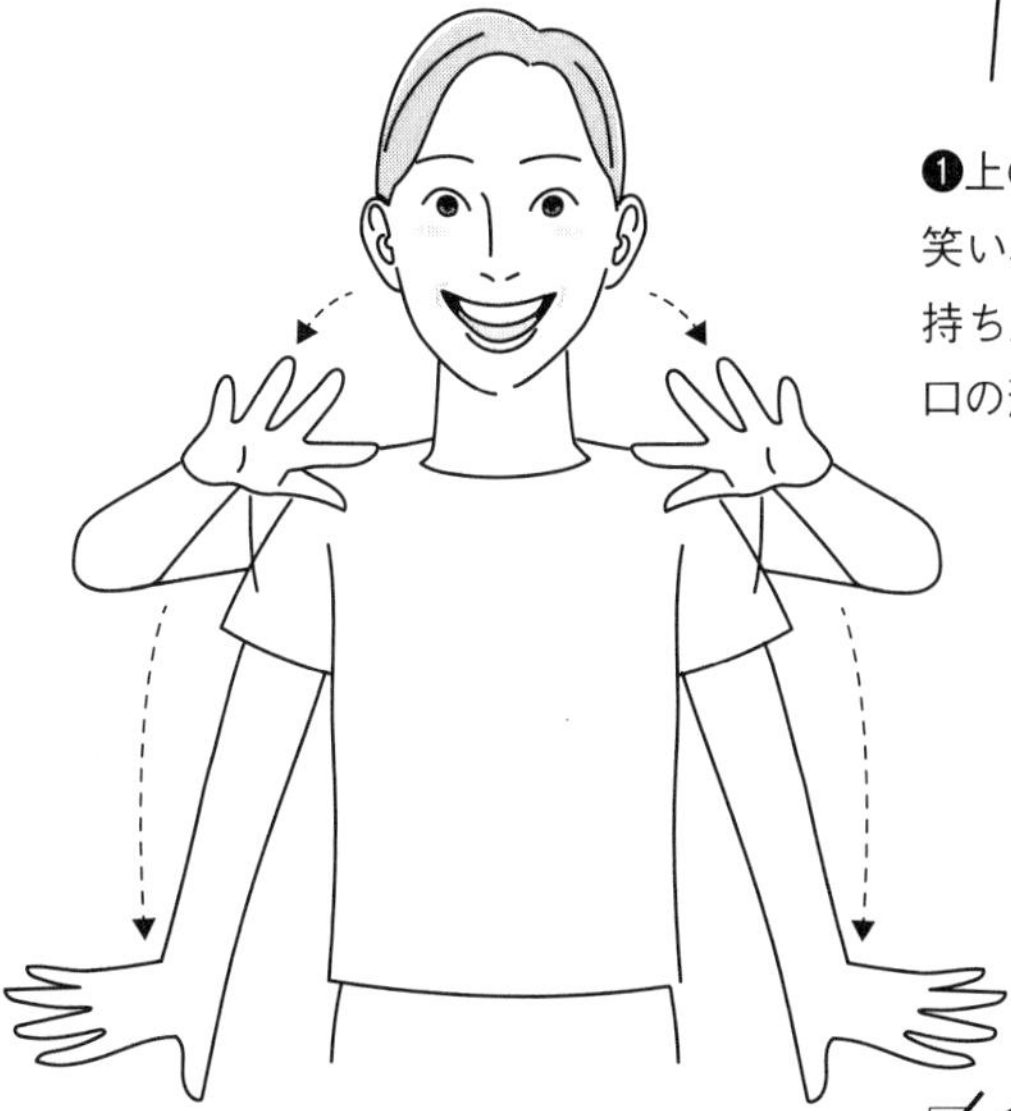

❷頬は上げた状態のまま手を外し、手のひらで空気を押すようにして腕を下ろす。頬は上方向に、手・座骨・足裏は下方向に、互いに引き合うイメージで5秒間キープする。

☑ Check

・❶で頬を持ち上げるとき、目が細まらならないようぱっちりと開いておく。
・❷で腕を下ろすとき、胸が開いていることを意識しよう。

口角アップトレ
～不機嫌顔を解消して話しやすい雰囲気に～

こんな悩みに

× 笑顔をつくろうとすると、顔が引きつってしまう。

× 楽しく過ごしているのに不機嫌に見られる。

× 怖がられたり、警戒されたりしがち。

× 人から声をかけられたり、誘いを受けたりすることがない。

↓

こんな変化が！

○ 左右バランスの崩れや引きつりが改善され、口角が上がりやすくなる。

○ 初対面の人からも親しみやすい雰囲気になる。

○ 表情のバリエーションが大きく増える。

➘ POINT

口角を引き上げる**口角挙筋**を鍛えるトレーニングです。会話中や無意識のときでも口角を上げた状態をキープできるようになるほか、ほんの1mm口角を上げるといった微調整が可能になるので、笑顔に細かなニュアンスが加わります。

口角アップトレ

❶人差し指をくわえ、あごの力を抜いて顔全体をゆるめる。

❷口角をつり上げて上の歯を8本見せ、5秒間キープする。

☑ Check

・口を動かす際、目はぱっちりと開いた状態をキープし、目尻にシワが寄ったり目が細くなったりしないよう注意する。

・慣れたら「口角を上げて1秒間キープ→口もとの力を抜く」のように、速くリズミカルに行ってもよい。

口もと引き締めトレ

〜ポカン口を解消して頼れるキャラに〜

こんな悩みに

- ✕ 気づくと口がポカンと開いている。
- ✕ 気弱でやる気がなさそうに見られる。
- ✕ 普通にしているつもりが、不満げな顔に見られる。
- ✕ 人生に希望や期待がもてない。

↓

こんな変化が！

- ○ 凜々しい、誠実そうといった印象が生まれる。
- ○ 滑舌よく、自分の思いを上手に伝えられるようになる。
- ○ 積極的にさまざまな物事に取り組めるようになる。

POINT

口まわりがゆるんでいると、ぼんやりした印象を与えて損してしまいます。**口輪筋**を鍛え、口の締まりを改善しましょう。また、**舌筋**を鍛えると滑舌よく、大きな声を出しやすくなるので、人前での発表も上手にできるようになります。

口もと引き締めトレ

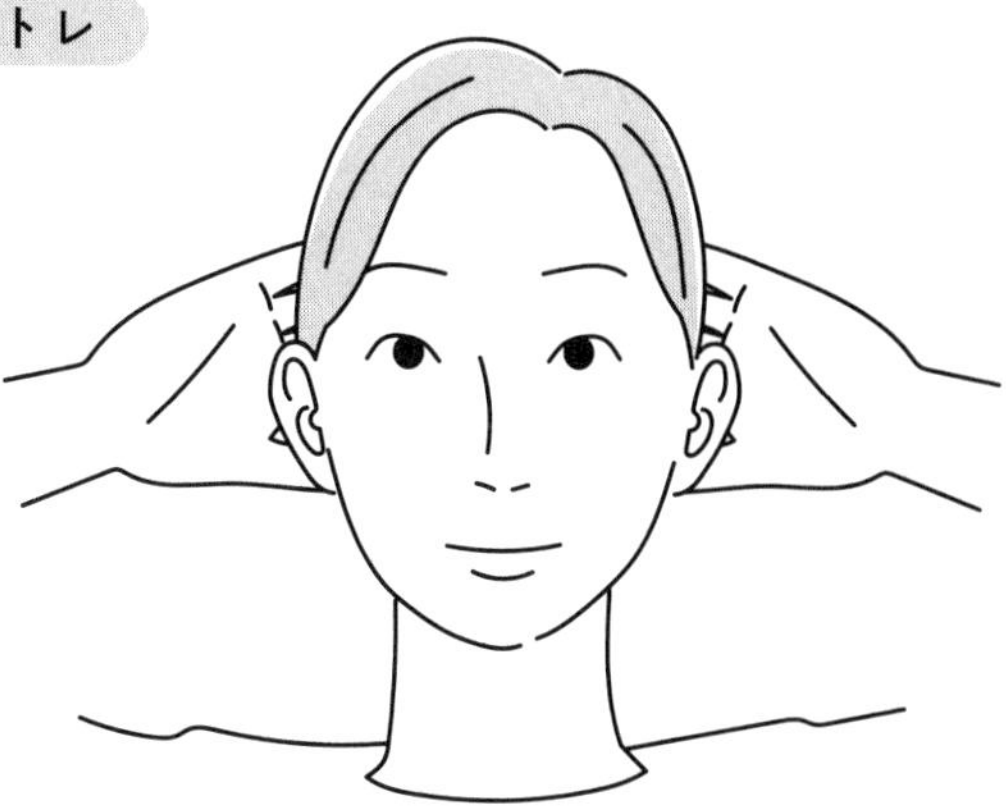

❶両手を頭のうしろで組み、あごを軽く引く。首を上にすっと伸ばし、口をすぼめる。

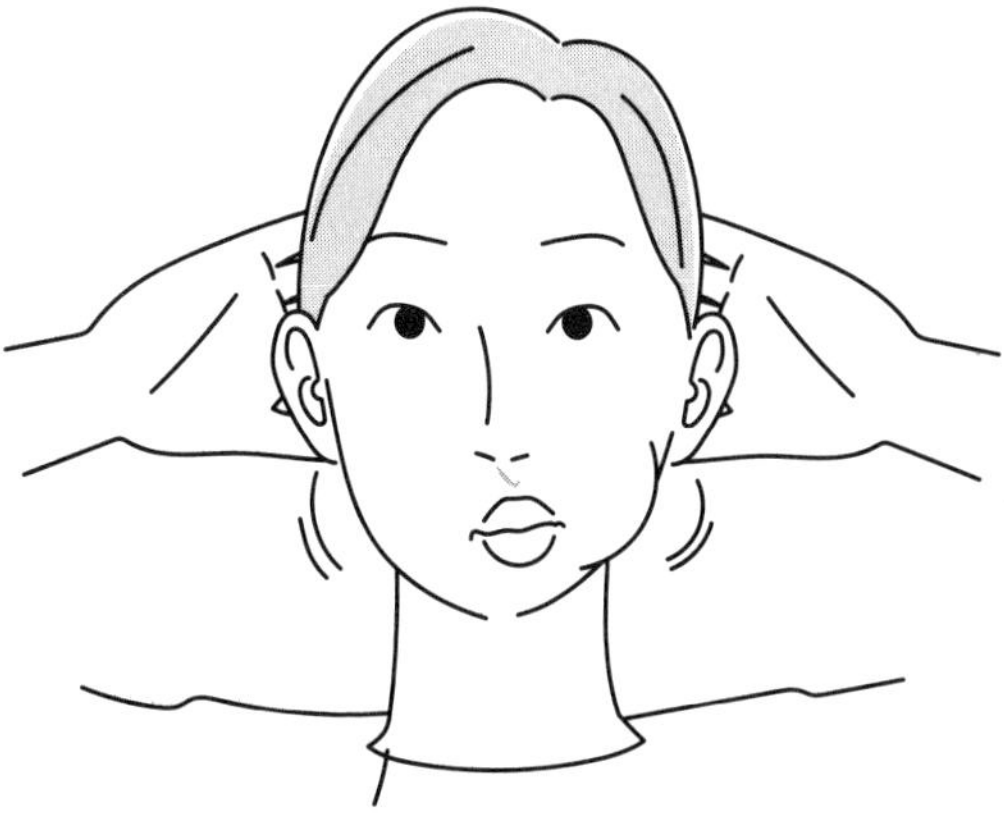

❷舌先で頬の壁を押すよう左右交互に当てる。

☑ Check

・トレーニング中にあごが前に出たり揺れたりしないよう、両手でしっかりと頭を固定する。
・舌を動かす速さは個々のペースで。慣れたら速くリズミカルに行おう。

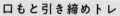

左右バランストレ

～ゆがみを改善して自信や愛着をもつ～

こんな悩みに

- ✕ 顔のゆがみが気になる。
- ✕ 裏表のある性格だと思われやすい。
- ✕ 自分に自信がもてず、積極的になれない。

↓

こんな変化が！

- ○ 顔の左右のバランスが整い、自分の顔に愛着がわく。
- ○ 写真写りがよくなる。
- ○ 嘘偽りのない、誠実そうな印象が生まれる。
- ○ どんな状況においても気合いを入れやすくなる。

POINT

左右バランスの崩れから、顔にコンプレックスを抱く人は多いもの。表情筋が左右均等に動かせるようになると、見た目のバランスも整ってきます。**側頭筋**から顔がキュッと引き上がるので、気合いを入れたいときにもおすすめです。

左右バランストレ

❶鏡で顔をチェックし、下がっている側の側頭部に手を当てる。口を「う」の形にすぼめ、鼻の下を長く伸ばす。

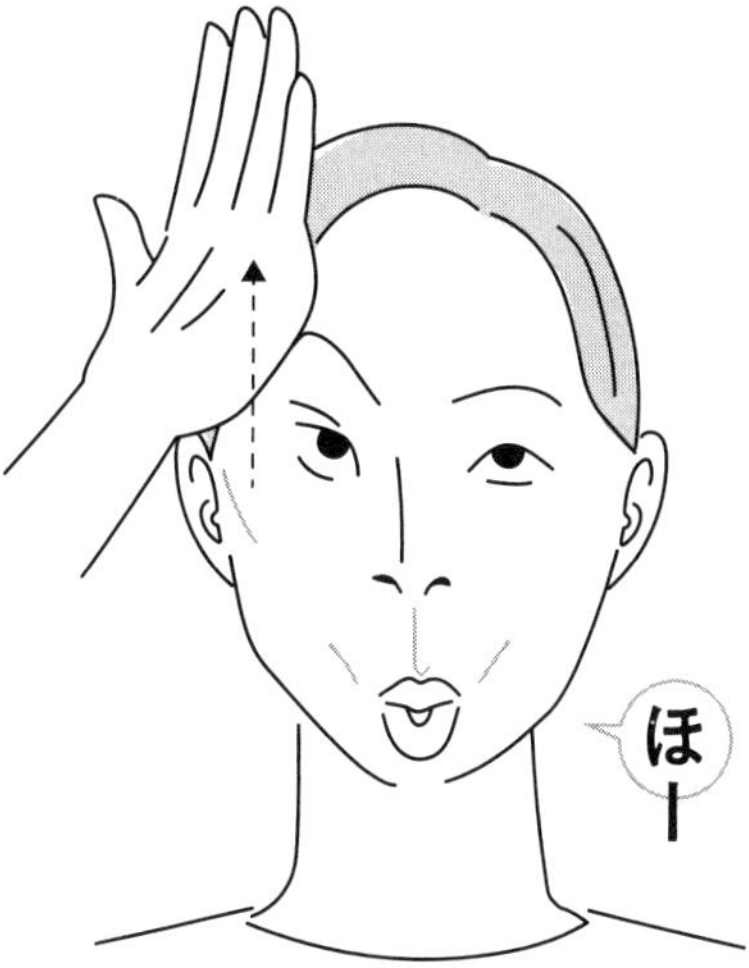

❷目線を上げ、手を上にすべらせて側頭筋を引き上げる。

❸反対側の顔も同様に行う。

※下がっている側は、多めに行うとよい。

☑ Check

・手の動きにつられて顔が動かないよう、つねに中心軸を意識してキープする。
・時間のないときは、左右両方を同時に行ってもよい。

応用

TPO顔トレ
～表情のバリエーションを増やす～

こんな悩みに

- ✕ 表情が乏しい。
- ✕ 普通にしているつもりが「体調でも悪いの？」と心配される。
- ✕ 気持ちを切り替えるのが苦手で、くよくよ悩みがち。
- ✕ ひとつのことにとらわれ、頭の中で延々と考え続けてしまう。

↓

こんな変化が！

- ○ 感情が動きやすくなり、情緒が豊かになる。
- ○ 表情に伴い、気持ちをコントロールできるようになる。
- ○ 「自分をこう見せたい」という理想像が芽生える。

↘ POINT

可動域を広げ、柔軟性やスムーズさ、瞬発力を備えたTPO顔の実践です。自分を俯瞰し、場面に合った表情を判断できるようになります。「今日はいつもよりTPO顔をつくるのが難しいな」と感じるときは、顔の運動不足だと気づけるようにもなります。目は大きく開いたり、ゆるめたり、パターンを変えて練習しましょう。

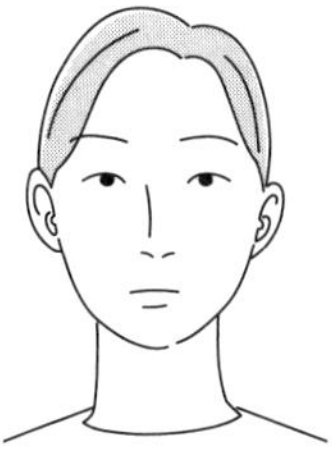

TPO顔トレ

基本　コアフェイスを整え、力みのない「脱力顔」で全身をリラックスさせる。

B

相づちを打つとき／唇は閉じたまま、口角をしっかりと引き上げる。

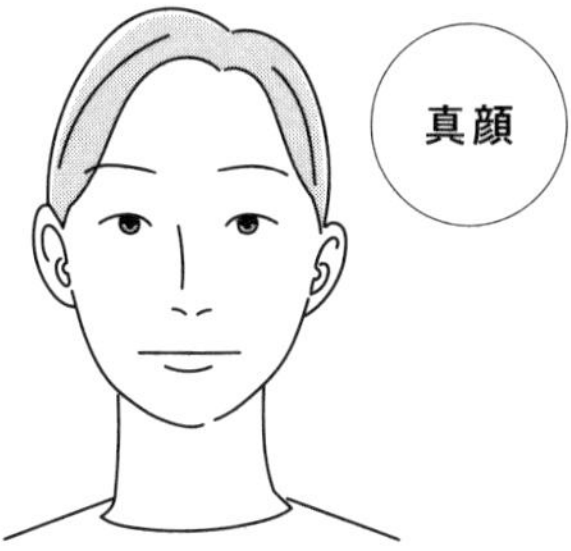

A

真剣さや誠実さを表現する／口角は下げず、唇を真横に引く。

D

楽しいときや大きくリアクションしたいとき／前歯の先が下唇につかないよう、口を逆三角形に開いて口角を上げる。

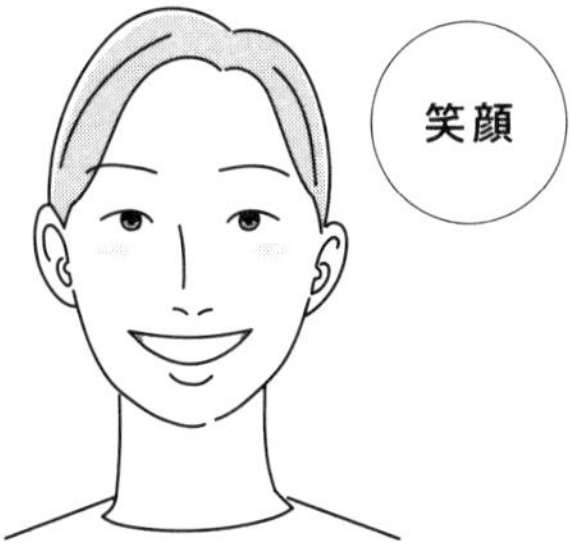

C

会話中や目が合ったとき／上の歯がしっかりと見えるよう、口角を上げる。このとき、前歯の先は下唇についている状態。

※**A**～**D**をリズミカルにくり返す。慣れたら実生活でも積極的に使おう。

巻末対談　間々田佳子×枝川義邦

顔を動かすトレーニングがコミュニケーションを変える深い理由

なぜ顔を動かすことが、
これほどコミュニケーション能力アップにつながるのか?
脳生理学者の枝川義邦先生に、
脳科学や心理学の観点からそのメカニズムをうかがいました。

枝川義邦

立命館大学OIC総合研究機構教授。早稲田大学招聘研究員。東京大学大学院修了にて薬学の博士号、早稲田大学ビジネススクール修了にてMBAを授与され、早稲田大学スーパーテクノロジーオフィサー(STO)の初代認定を受ける。早稲田大学理工学術院教授などを経て現職。研究分野は、脳の仕組みやその働きに基づいた人材・組織マネジメント、マーケティングなど。一般向けの著書に『「脳が若い人」と「脳が老ける人」の習慣』(明日香出版社)などがある。2015年に早稲田大学ティーチングアワード総長賞、2017年にはユーキャン新語・流行語大賞を「睡眠負債」にて受賞。

「真顔＝怖い」というイメージが一般的

間々田——今日は枝川先生に「表情をつくる」「顔を動かす」ことについて、脳科学や社会心理学の見地からどう考えられるか、いろいろとうかがいたいと思います。

枝川——意識的に表情をつくることが心にどのような影響をおよぼすのか、脳神経科学や認知科学の分野ではまだ研究途上にあります。というのも、脳を測定してどんなシグナルが出れば「楽しい」「悲しい」といった感情を表していることになるのか、まだ厳密には示せないんですね。

ただ、一般的に広くいえることとしては、表情のもつ大きな役割のひとつが「私はあなたに敵意をもっていない」というアピールだということ。多くの人は、一生懸命な顔＝怖い、というイメージを抱いていますが、人は何かに一生懸命になると、どうしても真顔

（無表情）になりがちです。

間々田――確かに、熱心なリスナーの多い講演会などではみなさん、真剣な表情で見つめてこられるから、最初のうちは会場の雰囲気が怖く感じられたりします。

枝川――だから、はじめのほうでアイスブレイクを入れて、場を和ませたりするわけです。言外コミュニケーションにおいて、よく知られているのは「メラビアンの法則」（P33）でしょうか。一般でなされているものは拡大解釈気味だと個人的には思いますが、真顔で淡々と話すのと、笑顔で明るく話すのとでは、視覚から得られる情報は違ってくると思います。表情に感情がのってきやすいですね。

間々田――ビジネスの第一人者ほど、それを経験則で理解している気がします。経営者層の集まるセミナーで講演すると、大企業の会長なんかから「笑顔なんて簡単にできるよ」って言われちゃう（笑）。でも、たとえば金融機関の新人研修で同じトレーニングをすると、まず笑顔をつくれない、そもそも意識すらしていない人が多いんです。笑顔はひとつの例ですけど、顔にうまく感情をのせて表現できる人こそがトップに上りつめるんだろうな、と思わされますね。

多文化国家では「笑顔」がコミュニケーションの要

枝川――「笑顔」の効力がよく知られているのは、やはりアメリカではないでしょうか。アメリカに移住した日本人は「アメリカ人は笑顔が多い」ことに驚くそうです。世界一の〝移民の国〟で、さまざまな人種の人々が暮らす多文化社会ですから、必然的に非言語コミュニケーションが重視されてきたわけです。言葉の通じにくい社会で「私はあなたに友好的で、けっして敵意はもっていませんよ」とアピールするのが、笑顔でのコミュニケーションなんですね。そういう文化的な背景があるから、子供のころから鏡の前で練習したりして、笑顔に近づけていく。

間々田——映画やテレビを見ていても、笑顔が目立ちますよね。

枝川——でも、日本人のコミュニケーションは「今までどう付き合ってきたか」というプロセスを重視します。相手の表情が「今日はちょっとかたいな」と感じても「疲れているのかな」などと行間を読んで事情をくんであげるところがあります。だから、それが通用しない初対面のときでさえ、積極的に「表情をつくる」という方向に意識が向きにくいんじゃないでしょうか。

間々田——特に年配の男性はその傾向が強い気がしますね。女性や若い世代の男性は鏡で顔を見る習慣があるけれど、ひと昔前は「男が鏡を見て顔を気にするなんて」という風潮がありましたし。

枝川——ビジネスシーンでは初対面の人も多いし、毎日会って関係性を構築できるわけではないですよね。だから、表情の使い方でエンゲージメントが上がったり、やる気が出たり、パフォーマンスにも影響してくると思います。

「笑顔でいればOK」は自分の価値を下げる

間々田――ただ、コミュニケーションをがんばろうと思うと、みなさん最初に「笑顔」をイメージされるんですが、私は常々「笑顔がすべてじゃないですよ」とお伝えしています。笑顔をつくれるのは素敵なことですが〝笑顔至上主義〟になってしまうと弊害も大きいと思うんですね。

枝川――笑顔がふさわしくない場面も、当然ありますからね。そもそも何かに集中しているときや一生懸命になっているとき、人間は笑顔にはならない。ビジネスで集中力が要求されるような場面で笑顔のままいると、何か他意があるのでは？　と疑われてしまうかもしれませんよね。

笑顔は「敵ではない」アピールになりますが、それはつまり「あなたを受け入れている」と示すことでもあります。すると、ビジネスシーンや組織での立ち位置で考えたとき「なんでもかんでもYESと言う人」というメッセージを与えかねません。

間々田――困ったときに〝なんとなく笑う〟人はけっこう多いですよね。でも「とりあえず笑顔でいれば問題ないだろう」という考えは、自分の価値を下げてしまう可能性があるわけですね。

枝川――たとえば交渉事においては「沈黙していること」が「その提案には賛同しない」というメッセージになることもあります。でも、そこでつねにニコニコしていたら、相手のなかでの心理的なポジショニングがどんどん下がってしまう恐れがあります。「何を言っても笑顔だから、大丈夫なんだろう」といったマウントの材料にすらなりかねません。

間々田――笑顔にも苦笑いとかいろいろな種類があって、受け入れられない要求がきた、けれどはっきりNOと言えない場面では「困ったような笑顔＝軽く拒絶する」というのも、メッセージの出し方のひとつですよね。

それが顔を動かし慣れていないと、苦笑いで乗りきるべきところで満面の笑みになってしまうように、加減の仕方がわからない。そういう意味でも、細かいニュアンスを表現できるようになると、困った場面でも的確に切り抜けられるんじゃないでしょうか。

「TPO顔」がポジティブな気持ちを引き出す理由

間々田――私の考える「TPO顔」のポイントは、感情に引きずられず、場にふさわしい表情をセレクトできるということです。

たとえば会社でイヤなことがあった日に、そのまま家に帰ってきて「なんでそんな不機嫌な顔をしているの？」と家族とトラブルになったり、自分自身もイヤな気持ちのままで過ごしてしまったり。

そこを、まずとりあえず顔を動かして笑顔になると、最初は気持ちこそ落ち込んだままだけれど、あとからイヤな思いも消えていって、結果的に理想の気持ちにもっていける。気持ちがなかなか変わらなくても、つくった笑顔につられて周囲が笑顔になるのを見て、本当に楽しい気持ちになったりします。

枝川――「表情から入って、あとから感情がついてくる」というのはありうると思います。ヒトの脳には「ミラーシステム」(P74)という、目の前で起こっていることを自分でやっているかのように脳に映す機能が備わっています。〝見よう見まね〟ができるのも、この仕組みのおかげなんですね。だから、まずは自分の表情で相手の笑顔を引き出して、自分自身も楽しい気持ちになっていくということも起こりうるわけです。

笑顔が健康を増進させて寿命を延ばす!?

枝川――先ほどの笑顔の話題に関していえば、ほかにも興味深いことに「笑顔をつくりやすい人は寿命が長い」という研究結果があるんですよ。

たとえば、アメリカでプロ野球選手のトレーディングカードを調べた研究では、笑顔で写っている選手の平均寿命は約80歳で、笑顔ではない選手の平均は72・9歳でした。

間々田——7歳以上も！　それは、かなり差がありますね。

枝川——日本では、山形大学が「笑う頻度」と健康についての関係を調べた大規模な研究が有名です。簡単にいうと「よく笑う&たまに笑う」群に比べると「ほとんど笑わない」群は、全死亡率も心血管疾患死亡率も高いという結果が出ています。全死亡率でみると、2倍近くの差がついたそうです。

間々田——それも大きな違いですね。

枝川——確証が得られるようなことではありませんが、もしかしたら、笑顔が生まれる場ではミラーシステムが働いて、ストレスが緩和されたり、睡眠などによい影響をおよぼしたりした結果、疾患や寿命にも波及した可能性は考えられますね。

人間の感情はネガティブで当たり前

間々田——コミュニケーションが苦手な人って、いわゆる「透明性の錯覚」(P72)、相手の心理をネガティブなほうへ解釈しがちなところがあるように感じます。相手がそう言っているわけでもないのに変に勘ぐったりして、結局自分がぐったり疲れてしまう……。

これってなぜなんでしょうか。

枝川——そもそもの人間の特性として「先を予想する」「見えない不確実なものに不安を感じる」ところがあるんです。進化心理学でいえば、楽観的な人よりは用心深い遺伝子をもつ人のほうが生き残れる可能性が高いですから。

心理学でいう人間の6つの「基本感情」(喜び、驚き、怒り、恐れ、嫌悪、悲しみ)をみても、4つがネガティブな感情です。つまりは、ネガティブなことをより敏感に感じ取る性質があるんですね。
それをコミュニケーションでも発揮すると、先入観や勘ぐりにつながるんじゃないでしょうか。

間々田――でも、実際には相手はネガティブな印象なんてもっていなかったりするんですよね。

枝川――たいていの心配事は実際には起こらないものなんです。アメリカのシンシナティ大学の研究では、心配事の97%が取り越し苦労だったという結果が出ています。つまり、コミュニケーションで先回りして心配することは、実際にはほぼ杞憂に終わる。けれど、あれこれ推測して不安を感じているときは脳の認知負荷が高い（処理すべき情報が多すぎて認知能力に負荷がかかっている）状態ですから、気疲れするのも無理はありません。

間々田――そう考えると、一時的にネガティブな感情に陥ったとしても、顔を動かすことですぐにフラットな状態へと戻せるようにする効果の重要性を、いっそう感じますね。

感情と表情を切り離すことの心理的なハードル

間々田——私がトレーニングとして「感情と表情は必ずしも一致していなくていい、感情はいったん横に置いて、まずは顔を動かしてみましょう」と提案すると、たいていは驚かれます。

枝川——その反応は、人間の原初的な機能として「こういう感情のときは、こういう表情になる」と定まっていることからくるんじゃないでしょうか。

たとえば赤い色を見たときに「これは赤だ」と言えるのは「この色は『赤』を指す」と、生活のなかで学習して身につけた知識があるからです。実際にはひとつの色を目にしたとき、脳内で行われる情報処理は、みながみな、同じではないんです。

でも、感情と表情の関係はもっと原初的です。たとえば赤ん坊でも快ければ笑い、不快なら泣くというのは世界的に共通した理解です。だから、本来は切り離せないものという認識が強いのでしょう。

間々田――なるほど。私にしてみればスポーツと一緒で、気分がのらないから練習しないアスリートはいないわけで、それと同じことだと思うのですが。

枝川――本来は結びついている「感情と表情」をトレーニングによって切り離せるのであれば、感情にまかせていてはできないような場面設定ができる、といった効果はあると思います。よりコミュニケーションを円滑に進めるツールになりうるんじゃないでしょうか。

コアフェイストレーニングで「メタ認知」を手に入れる

枝川――昔から「コミュニケーション上手はオープンフェイス（心を開いて微笑んだ表情）で会話する」といわれます。笑顔の効果は経験則で広く知られていたんですね。

間々田さんのいう100％の笑顔（P197）も、このオープンフェイスに近いと思います。ただ、顔を動かしてトレーニングするという発想は、これまでにはなかなかないですよね。

間々田——ひと口に笑顔といっても細かくみればさまざまな種類があるのに、家庭や学校で微妙な使い分けを教わったりはしません。だから、みんな結局〝なんとなくの笑顔〟になってしまう。

そこを「大頬骨筋を鍛えれば、頬が上がってイキイキとした笑顔になる」と理解できれば、迷いが消えて自信がもてますよね。どんなに緊張していたとしても、ここで口角挙筋を上げれば笑顔をつくれる、と理解・実践できる状態なら余裕が生まれる。その状態にたどり着くために必要なのが顔のトレーニング、という位置づけです。

枝川——それは「成長の4ステップ」でみると、

①自分が何ができないかすらわからない「無自覚の無能」←
②自分ができていないことに気づいている「自覚のある無能」←
③できてはいるが、なぜできているの

かを説明できない「無自覚の有能」←④自分ができていることをきちんと説明できる「自覚のある有能」……この状態に当たりますね。

元メジャーリーガーのイチローさんは、ホームランやヒットを打つとき「なぜどのようにして打てたか」を明確に説明できたそうです。それは「バットをシャッと振ったら打てちゃった」なんて感覚でとらえているのではなく、細かいところまで分析して理解し、練習できているということ。だから次も同じように打てる（＝再現性がある）し、自分はできるというセルフ・エフィカシー（自己効力感）も高いはずです。

間々田――説明できないまま、なんとなく顔を動かしていても結局、不安は拭い去れません。説明できるくらい理解できていれば、どれだけ緊張する場面でも、感情に飲み込まれない余裕がもてると思うんです。

枝川――そこまでいくと、メタ認知（自分を客観的に見たうえでのコントロール）ができている状態ですね。

自分を客観視できると、出勤日には引き締まった表情で仕事モードに入ろうとか、会話中にこの場面で笑顔を見せようといったコントロールができます。メタ認知できるレベルまでいくと、おそらく、この表情をするとこの感情になる、という仕組みを受け入れるメンタリティになっているんだと思います。アンガーマネジメント（怒りの感情と上手に付き合うためのトレーニング）などでもメタ認知は有効とされるんですが、そこに表情という要素が加わると、感情の引き出しを開けやすくなるということなのかもしれません。

明確な目標設定が継続するうえでのカギ

間々田――トレーニングするときはただ漫然と顔を動かすのではなく「表情豊かで目力の強い顔になりたい」「あの人のような笑顔をつくれるようになりたい」といった目標をもって取り組

んでもらうようにしています。

枝川——目標設定は明快かつ具体的にするといいですね。ただ「いい表情をつくろう」と思っても〝いい表情〟とは具体的にどういうことなのか、ぼんやりしていますよね。そこに「口角が左右対称にしっかりと上がった笑顔」と具体的なイメージがあれば、それに近づけようとする意識でトレーニングできますから。

間々田——たとえばあこがれの俳優でもいいんですけど、具体的なモデルがあれば、今の自分と比べることで、どこをより鍛えなければいけないかもわかりやすいですし。

枝川——そう、目標設定を明確にすると、現状とのギャップがパッとわかるのもメリットですね。そのギャップを埋めるために、どう努力すればいいのかがわかりやすい。目標達成までに越えなければいけないハードルがなんなのか、課題が見えてきます。

人間は〝今まさにハードルを越えようとしているとき〟にドーパミン（神

経伝達物質のひとつ）の分泌が盛んになります。やる気が出て「次もまたやろう」と、くり返したくなるんですね。

間々田――継続がこのトレーニングの肝なので、ドーパミンをうまく味方につけたいですね。目標設定のコツって何かありますか？

枝川――はじめはハードルを低く設定することです。でも、あまりに低いハードルを並べ続けていると脳はだんだん慣れてしまうので、ドーパミンの分泌量も減っていってしまいます。少しずつでもいいので、低いハードルから高いハードルへもっていく、という状況をつくるのがおすすめです。

間々田――私は今「20年後にどういう表情で生きていたいか」を考えて、それに向かってトレーニングしているんですが、これも「類似性の法則」（P148）なのか、自然と周囲に似たような人が集まってくるんです。理想をはっきりもつのは、人間関係にも大きく影響すると感じますね。枝川先生、貴重なお話をありがとうございました。

おわりに

2020年に「コアフェイストレーニング」を考案し、世に発表してから、たくさんのメディアに取り上げていただいています。

みずからもこのメソッドをひとりでも多くの方にお伝えしたく、数々の本を著してきました。

そんななか、トレーニングを通してもっともお伝えしたいこと――そこに焦点を当てた1冊を書き上げたいと願うようになりました。

このメソッドは美容やアンチエイジングのためのエクササイズとしての注目度が高く、レッスン受講生も30代以降の女性が中心です。

もちろんそれらにも有効ですが、私は外見をきれいに若々しく整えるためだけに、このトレーニングを確立したわけではありません。

むしろ、私自身も悩んでいた性格やコミュニケーション能力といった、目には見えない、けれど人生を大きく左右する部分を変える可能性を秘めている、そのことを強くお伝えしたいのです。

老若男女問わず、コミュニケーションに悩む人は多くいます。

一見、そつなく人付き合いをこなしているようでも、内心ではちょっとしたモヤモヤを感じている人は少なくありません。

しかし、コミュニケーションを上手に行う＝顔の動きを改善する、という発想にはなかなかたどり着かず、性格やメンタルを責める方向にいきがちです。私もそうでした。

そんな方々にひとりでも多く「顔を動かす」重要性と、その結果期待できる効果をお伝えしたく、生まれたのがこの本です。

本書で紹介しているトレーニングは、コミュニケーションに悩みを抱える人に焦点を当て、これまでのメソッドをさらにブラッシュアップした内容となっています。

1日30秒の簡単なトレーニングでも毎日続ければ、過去の自分は関係なく、理想の表情をつくれるようになるはずです。

最初は見よう見まねでやってみるだけでOK。

ただ、つねに「自分はどんなふうになりたいのか」という未来や、理想の姿をイメージすることだけは忘れないでくださいね。

「20歳の顔は自然から与えられたもの、30歳の顔は生活が形づくるもの」

――P118でご紹介したココ・シャネルの言葉には、じつは続きがあります。

「50歳の顔にはあなたの価値がにじみ出る」。

年齢を重ねるほど、この言葉の重みをひしひしと実感しています。

衰えに悩んだ40代で「顔を動かす」重要性に気づき、トレーニングにはげみ、そして迎えた50代の今――「理想の未来は顔からつくられる」という確信は日々、強くなるばかり。

この本を読んでくださった方にもぜひ、顔を動かし、表現力を高めることで、理想の自分と新しい未来を引き出してほしいと心から願っています。

最後に、もうひとつだけ。

これまでたくさんの方にレッスンをしてきましたが「顔を自在に動かせる

ようになったら、自分の顔や性格はどう変化するか」を最初からわかって始めた方など、ひとりもいません。

それでもトレーニングを続けるうち、みなさん生まれ変わったように、それぞれの理想とする姿に近づいていかれます。

その変化を目の当たりにできることは、私にとってもの大きな喜びのひとつです。

どうかあなたも「変われる」ということを信じて、最初の第一歩を踏み出してみてください。

あなたの顔に埋まっている〝魅力〟という名の原石を、掘り出してあげてくださいね。

ぜひ、ひとりでも多くの方がコアフェイストレーニングで理想の自分に近づき、豊かな人付き合いを楽しみ、実りある人生を送られますように。

本書を著すにあたり、取材にご協力いただいた枝川先生、全国のままだよしこメソッドのインストラクターのみなさん、受講生のみなさん、私を支えてくれるスタッフすべてに感謝します。

令和5年11月　間々田佳子

伝《つた》わる顔《かお》の動《うご》かし方《かた》

コミュニケーションは見《み》た目《め》が9割《わり》

2023年11月30日 初版第1刷発行

著者　間々田佳子《ままだよしこ》

発行者　三宅貴久
発行所　株式会社 光文社
〒112-8011 東京都文京区音羽1-16 -6
☎03 -5395-8172（編集部）
☎03-5395-8116（書籍販売部）
☎03-5395-8125（業務部）
✉non@kobunsha.com
落丁本・乱丁本は業務部へご連絡くだされば、お取り替えいたします。

組版　萩原印刷
印刷所　萩原印刷
製本所　国宝社

デザイン　宮島信太郎、阿部若奈（SHIRT）
イラスト　まるはま
構成・文　麻宮しま
協力　小山智（a-ha株式会社）　露木彩（ままだよしこメソッド株式会社）
編集　平井茜

ISBN978-4-334-10142-8